Blog

Die ultimativen Geheimnisse von erfolgreichem Blog erfolgreiche Blogs erklärt Schritt für
Schritt

, und wie können Sie in große Gewinne verwandeln

Inhalt

Einführung

Herzlichen Glückwunsch zum Download "Blog der Bibel" und danke Ihnen dafür.

Die folgenden Kapitel werden diskutieren, wie Sie das meiste aus Blogging, so dass Sie es in einer großen profitablen Maschine machen können und zu einem Bezugspunkt in Ihrem Markt! Blogging ist jetzt heiß. In der Tat ist es heiß für die letzten Jahre. Es scheint, können Sie nicht überall online, ohne Anhörung über ein Blog oder ein anderes, mit Blogger-Erfolgsgeschichten, wo die Menschen haben sich Blogging in eine Karriere und haben es geschafft, ein gutes Leben machen so.

Vielleicht sind Sie neu im Internet, und haben so viel über Blogs gehört, wollen mehr über Sie wissen, oder vielleicht haben Sie online für eine lange Zeit, aber Blogging ist einfach nicht ein Bereich, den Sie haben viel vor jetzt untersucht

So oder so, ist es für jemanden mit absolut keine Blogging-Erfahrung, um ein Blog heute zu starten, und haben einen erfolgreichen Blog auf und läuft in nur wenigen Wochen, oder sogar Tage.

Sie können mit nichts anfangen und haben ein Blog auf und läuft auf dem Internet in nächster Nähe zu keiner Zeit, und sobald es Online können Sie es in einer Reihe von Möglichkeiten Geld verdienen, können Sie auch beschließen, "Flip" Ihr Blog und Geld zu verdienen, dass auch

Es gibt viele Bücher zu diesem Thema auf dem Markt, aber dieses geht direkt zum Herzen des Blogging und Sie erhalten alles, was Sie brauchen, um zu schaffen und die Macht Ihres Blogs zu erhöhen.

Ich beginne gleich von Anfang an und bringe dich durch alles. Durch die Zeit, die Sie fertig .sind, haben Sie Ihren eigenen Blog-up Online, das bereit ist, Sie Geld zu machen

Bloggen ist zu schreiben, was extreme Sportarten sind die Leichtathletik: mehr frei-Form, " mehr Unfall-anfällig, weniger formal und lebendig." Es ist, in vielerlei Hinsicht, schriftlich laut. "-Andrew Sullivan

Das obige Zitat von Andrew Sullivan zeigt, wie Blogging hat die Publishing-Welt auf seinem Kopf in den letzten Jahren gedreht.

Im Gegensatz zu herkömmlichen schreiben, die mehrere Genehmigungen erforderlich, bevor Sie veröffentlicht, ein Blog können Sie schreiben und alles zu veröffentlichen, von überall, und haben Sie sofort verfügbar, Milliarden von Menschen auf der ganzen Welt. Diese Dynamik in Verbindung mit Blogging definitiv macht es scheinen mehr "lebendig".

Nochmals vielen Dank für die Auswahl dieser ein! Jede Anstrengung wurde unternommen, um sicherzustellen, dass es voll von so viel nützliche Informationen wie möglich, genießen Sie bitte!

Kapitel eins: Warum müssen Sie einen Blog erstellen

Das Wort "Blog" ist eigentlich kurz für "Web log." Grundsätzlich Sie erstellen Beiträge über ein bestimmtes Thema und Sie sprechen über dieses Thema aus verschiedenen Sicht, nach Ihren persönlichen Erfahrungen, Statistiken, Fallstudien und was Sie im Internet zu finden und so weiter.

Sie können ein Blog über alles, was Sie interessiert, Ihre Hobbys, ihre Interessen, Ihre Ernährung Erfahrungen, oder sogar die Filme, die Sie möchten. Es gibt keine Begrenzungen, wenn es zum Bloggen kommt.

Eine der häufigsten Fragen, dass eine Einzelperson (nicht nur ein privater oder freiberuflicher Profi, sondern auch wichtige autonome Unternehmen) kommt, ist wahrscheinlich, warum man braucht, um ein Blog zu erstellen. Bevor Sie in die Antwort schauen, Let's nachdenken über einige gängige, aber wichtige Fragen.

Wollen Sie einen Einfluss auf die Gesellschaft haben?
Wollen Sie von den anderen unterschieden werden? Unterschieden von anderen Firmen, wenn Sie in einem Geschäft sind?
Möchten Sie Ihr Kleinunternehmen in eine große Marke verwandeln?
Willst du Menschen dabei helfen?

Möchten Sie online Geld verdienen (Verkauf von e-Books), Online-Kurse, Ihr eigenes Produkt und so weiter)?

Wollen Sie ein Netzwerk von Menschen mit gleichem Bedürfnis oder Interessen aufbauen?

Wenn die Antwort auf mindestens eine dieser Fragen ist "Ja", und Sie wollen eine vorherrschende Stellung zu einem bestimmten Thema zu nehmen, werden das beste an, was Sie tun, dann in diesem Fall, können Sie sich vorstellen, alles zu erreichen, indem Sie ein Blogger.

Blogging ist ein Marketing-Tool. Sie können einen Blog verwenden, um Ihre Dienstleistungen/Produkte zu verkaufen. Mit einer Online-Plattform können Sie zwei Aspekte realisieren:

1. Aufbau eines Netzes von Menschen mit gemeinsamem Interesse oder mit gemeinsamen Problemen konfrontiert.

2. bilden mit diesen Leuten eine Bindung des Vertrauens, das den Weg öffnet, um den Verkauf ihrer Produkte oder Dienstleistungen abzuschließen.

Erstellen eines Blogs ist in erster Linie eine Gelegenheit, eine Stimme zu ihrer eigenen Leidenschaft, Wünsche und Emotionen, indem Sie Ihre Geschichte, Erfolge und Ausfälle mit Vergangenheit und Gegenwart Erfahrungen zu geben.

Aber Sie tun es nicht nur für sich selbst, kann es verwendet werden, um das soziale oder wirtschaftliche Wachstum Ihres eigenen Unternehmens zu steigern.

Es wird für die Gesellschaft als Ganzes getan.

Jedes Moment lehrt uns das Leben etwas Neues. Jeder ist über die Worte hinaus wertvoll. Die Welt ist voll von Menschen, die Lösungen für Ihre eigenen Probleme und Zweifel suchen.

Ich habe gerade gesagt, dass Sie ein Blog über alles, was Sie interessieren, erstellen können, und es ist wahr. Aber wir sprechen in diesem Buch über Blogging für Geld.
Ja, genau ... für Geld. So wahrscheinlich denken Sie: Was ist der Unterschied?
Der wichtigste Punkt in tun Blogging für Geld ist, dass Sie es für Menschen tun, nicht für Sie.

Dies macht den Unterschied, weil Ihr Schwerpunkt nicht auf sich selbst, sondern auf die Notwendigkeit und reale Interessen der Menschen da draußen.

Es gibt eine ständige Notwendigkeit für Fragen wie,

"wie funktioniert es?"

"Wie bekomme ich es schneller?"

"Wie bekomme ich es ohne Anstrengungen?"

"Warum sollte ich dir trauen?"

"Welche Auswirkungen kann es auf mein Leben haben?"

"Welche Ergebnisse erhalte ich?"

Die Liste ist endlos. Wir alle haben Fragen, die uns nachts wach halten, Ängste und Hindernisse, die wir überwinden müssen. Jedes unserer Probleme wurde bereits von jemandem da draußen konfrontiert. Die Erfahrungen eines Individuums können zu einem der am stärksten wachsenden Lehren für eine andere Person werden.

Diese Antworten sind der beste Weg zu:

1. fangen Sie die Aufmerksamkeit der Menschen auf der Suche nach den Antworten.

2. richten Sie eine Vertrauensstellung ein.

Dies sind die beiden Schlüsselelemente, um ihre Popularität und die Auswirkungen, die Sie auf ein breites Publikum zu erhöhen.

Dank dem Blog, einige Leute schnitzen eine Nische für sich, andere haben verdoppelt, verdreifacht, und vierfach den Umsatz des Unternehmens von vorne anfangen.
Einige schaffen passive Einkommen, andere haben einen Job gefunden.

Einige gemeinnützige Organisationen sehen den exponentiellen Anstieg der Zahl der Einträge für Spenden, viele multinationale Unternehmen haben die bisherigen etablierten Betreiber Umsetzung neuer Entwicklungsstrategien und damit ganze Massen von Menschen in die Kunden für Ihre Produkte und Dienstleistungen.

Alle obigen Beispiele zeigen, wie Menschen einen Namen für sich mit Hilfe eines Blogs gemacht haben. Aber der Erfolg ist nicht immer eine reibungslose Reise, einige Blogs wurden Ausfälle zu.

Es gibt diejenigen, die ein Blog erstellt haben, aber nicht, um es erfolgreich zu machen, des lösen Sie die Probleme der Leser durch den Austausch ihrer Kenntnisse und Erfahrungen. Vielleicht haben Sie nicht den richtigen Ansatz für seine Werbung oder vielleicht, weil die Inhalte nicht wirklich Appell an die Menschen. Es kann viele Gründe geben.

Es ist möglich, Fehler zu überwinden, indem Sie Ihre eigene Geschichte und Erfahrungen erzählen, die den Lesern helfen, ihre Probleme zu lösen.

Erstellen eines Blogs bedeutet, in erster Linie, um anderen zu helfen, Know-how in jedem Thema durch die Bereitstellung nützlicher und wertvoller Inhalte. Es bedeutet, ein Engagement für die Leser, und die Auswirkungen, die dieser Aspekt auf Ihr Unternehmen/Organisation haben kann und sogar das Leben ist unglaublich.

- Hier sind einige der wichtigsten Vorteile der Schaffung eines Blogs:
  - ein sehr leistungsfähiges Marketing-Tool (Dank der
- Aufmerksamkeit, die Sie über Blogging erfassen können)
  - hilft, in Suchmaschinen frei zu indizieren.
  - ermöglicht die direkte Interaktion mit ihren Lesern, Kunden oder Fans.

- hilft Ihnen, die Stärken ihrer Produkte zu kommunizieren.
- hilft Ihnen, neue Kunden kontinuierlich zu finden.
- hilft beim Aufbau des Vertrauens und Vertrauens der Kunden.
- hilft Ihnen, die Bedürfnisse des Marktes zu verstehen und neue Produkte/Dienstleistungen dementsprechend zu entwickeln.

Kapitel zwei: wie konnen Sie starten und Sie bekommen Ergebnisse mit einem Blog

Blogs sind eine der heißesten Dinge online heute. So viele Menschen scheinen es zu tun und zu lieben. Und, noch besser, Geld daraus zu machen. Es gibt eine gute Chance, dass Sie dachten, die Zusammenstellung eines Blogs von Ihrem eigenen.

Viele Menschen halten die Meinung, dass die Ergebnisse eines Blogs durch die Maximierung der Zahl der Besucher erhalten und dass der Weg, um Ergebnisse zu erzielen, ist nur die Zahl der monatlichen Besuche zu erhöhen.

Aber der grundlegende Aspekt, den Sie vor dem Erstellen eines Blogs einrichten müssen, ist Ihr Ziel. Wenn man nicht weiß, warum man etwas tut, ist es alle Abfälle.

Ein konkretes Ziel wird es leichter verständlich zu machen, was zu schreiben, wer zu kontaktieren und wie die Ergebnisse gemessen im Laufe der Zeit.
Wie viele physische Produkte, die Sie verkauft haben, wie viele Info-Produkte, die Sie verkauft haben, welche Höhe der Popularität Sie erreicht haben (Sie oder Ihr Unternehmen).

Wenn zum Beispiel, Sie sind eine Privatperson, die bereits einen Job und wollen einen Weg finden, um Geld online zu verdienen, dann können Sie ein Blog, erstellen Sie ein Info-Produkt auf die Bedürfnisse Ihrer Leser und verkaufen Sie in einer Weise, um eine monatliche Rente zu gewährleisten.

Für diejenigen, die noch nie etwas wie das Starten eines Blogs vor, kann es wahrscheinlich scheinen wie eine geheimnisvolle und komplizierte Prozess. Aber das Starten eines Blogs ist eigentlich viel einfacher, als Sie denken. In der Tat, einer der häufigsten Bemerkungen von neuen Bloggern ist, "Ich kann nicht glauben, wie einfach es war."
Hier sind ein paar Tipps, die Ihnen helfen, Ihr Blog auf und läuft.

Wählen Sie Ihre Nische Markt

Der erste Schritt besteht darin, Ihr Thema auszuwählen. Fragen Sie sich, worüber Sie schreiben wollen? Wonach suchen Leute? Wofür sind Sie bereit zu bezahlen?

Jeder Blogger sollte seinen Nischen-Markt (eine Gruppe von Einzelpersonen-in diesem Fall die Besucher-die gleichen Interessen, Probleme, Zweifel etc.) zu identifizieren. Zum Beispiel, Let's Blick auf eine Nische Markt für Diäten. Am Anfang ist es gut, eine Nische so spezifisch wie möglich zu wählen. Es hilft Ihnen, als Experte der Nische anerkannt zu erhalten. Über Diäten, können Sie wählen, zum Beispiel die Nische "Paleo Ernährung".

- Sie sind vielleicht nicht besonders einzigartig, aber in meiner Erfahrung ein Blog auf einem der folgenden Themen ist sicher populär zu sein:

• Geld

• Diät

• Gesundheit und Fitness

• Beziehungen

• Elternschaft

Es gibt eine Menge Konkurrenz, aber das ist nicht eine schlechte Sache. Es gibt Käufer in diesen Nischen.

Ich fand auch die folgende Liste, die hilfreich sein könnte

:die weltweit größte Blog-Nischen-und Thema Idee Liste

http://www.sparkplugging.com/Sparkplug-CEO/the-Worlds-Largest-Blog-Niche-and-Topic-idea-List

Einer der Pfosten empfiehlt, dass Sie zwei der Fächer kombinieren. Ich denke, das ist eine wirklich gute Idee, da dies Ihr Blog einzigartig machen würde.

Okay, so von diesem Punkt könnten Sie ein paar Ideen im Verstand haben-vielleicht zwei oder drei

Dies ist ein Weg, um die Liste einzugrenzen und ihre endgültige Entscheidung treffen. Am Ende dieses Prozesses, würde ich vorschlagen, Sie wählen die eine, die die meisten Verkehrs-Potenzial hat und dass

.Sie nicht mind schriftlich über auf einer sehr regelmäßigen Basis

Nehmen Sie Ihre Liste der Ideen und denken Sie sorgfältig darüber, was die Menschen in die Suchmaschinen eingeben, um die Art der Informationen, die Sie wollen Blog zu finden.

Lassen Sie uns ein Beispiel arbeiten.

Lassen Sie uns sagen, wir wollen über hause Business-Ideen Blog. Was würden die Menschen in den Suchmaschinen geben, um mehr Informationen über dieses Thema zu erhalten?

• hause Business Ideen

• wie man Geld von zu Hause aus

• hause basiert Business Ideen

• legitime Arbeit zu Hause Arbeitsplätze

• Arbeit bei privaten Unternehmen

.Das waren nur ein paar von der Oberseite meines Kopfes

Gehe zu dieser Adresse: https://keywordseverywhere.com/ubersuggest.html

Herunterladen die Ausdehnung als Google Chrom oder auch Abdrücken (bei tuend so jedes mal Sie eingeben ein Wort fort Google, Sie Wille erzählen Sie die fehlerfrei monatliche Volumen Forschung und Aufwand pro einrasten verbunden mit jede Kampagne mit AdWords) After installing the extension, go to: https://ubersuggest.io/

Geben Sie diese Keyword-Begriffe, und es wird die exakte Lautstärke der Schlüsselwörter, die Sie wählen, zeigt alle möglichen Kombinationen von anderen Suchbegriffen.

.Es wäre besser die Wahl einer spezifischere mit mindestens 20.000 Forschung pro Monat

Seien Sie standhaft mit sich selbst, machen Sie Ihre endgültige Entscheidung und bleiben Sie !dara

Wenn Sie wirklich nicht zwischen ein paar Dinge zu wählen, vielleicht können Sie auf einem .einzigen Blog zu kombinieren, wie bereits vorgeschlagen, ist dies ein einzigartiger Ansatz

Aber denken Sie daran, wenn Sie eine Routine der Umsetzung von Inhalten auf Ihrem Blog, die Blogs wurden Geld verdienen und Sie haben einen stetigen Strom des Verkehrs, dann gibt es nichts stoppen Sie einen anderen Blog starten und den gesamten Prozess zu wiederholen. Das ist die Schönheit der Blogging-Sie können eingerichtet werden sehr leicht und Sie können Geld verdienen von Ihnen sehr schnell in der Tat.

Wähle deine Plattform

Ich persönlich beraten Sie WordPress, das ist wirklich einfach zu installieren. In der Tat, mit den meisten Web-Hosts, können Sie es in nur wenigen Mausklicks installieren, und haben Ihren .Blog auf und laufen in weniger als zehn Minuten

Machen Sie sich keine Sorgen, wie es zu tun, denn ich werde Ihnen alles erklären, in den nächsten Kapiteln.

Post Daily

Wenn Sie zuerst Ihren Blog starten, versuchen Sie, in ihm täglich für mindestens eine Woche .bekanntzugeben

Dafür gibt es zwei gute Gründe. Erstens wird es Ihnen einen guten Vorsprung zu geben, und .helfen, füllen Sie Ihre derzeit leere Website mit gutem Inhalt

Und zweitens, Entsendung häufig wird Ihnen helfen, schnell bequem mit dem Prozess der .schriftlich stellen, und mit der Blogging-Software

Wenn Sie sich Fragen, „wie starte ich Blogging?" Dies sind die drei einfachen Schritte, die Sie befolgen sollten. So einfach, wie das, können Sie Ihren Blog auf und laufen, und sobald Sie Ihre ersten ein vor dem Boden, ihre zweite und dritte und vierte wird noch einfacher.

Kapitel drei: was müssen Sie wissen, um einen erfolgreichen Blog zu erstellen

Was muss ich wissen, um ein Blog zu erstellen und zu verwalten?" Dies ist vermutlich eine " Frage, die Sie ziemlich oft Fragen. Um einen erfolgreichen Blog zu erstellen und zu verwalten, müssen Sie einige grundlegende Aspekte, die oft unterschätzt oder sogar ignoriert werden, aber das kann einen Unterschied in Bezug auf die Erfolge Ihres Blogs zu machen, und vor allem, bei .der Verringerung der Zeit, die es dauert, um dasselbe zu erreichen

Der Blog ist ein organisches System aus verschiedenen Teilen gebildet, die ständig gepflegt und verbessert werden müssen, um richtig zu funktionieren. Es ist daher notwendig, bestimmte Aspekte zu kennen, einige technischer als andere, die unerlässlich sind, um ein Blog zu .schaffen, das zum Ziel führen würde

Wenn Sie gerade beginnen ihre Erfahrungen mit Blogging, ist es unerlässlich, dass Sie wissen (oder lernen) diese Aspekte. Aber keine Sorge, es ist normal, dass Sie nicht wissen, alles am .Anfang. Das Lernen braucht Zeit

Beginnen Sie mit dem Erlernen der Grundlagen der erforderlichen Fertigkeiten und mit der Zeit werden Sie verstehen, was funktioniert und was nicht. Löschen Sie, was nicht funktioniert, .und versuchen Sie ständig neue Straßen

Sie müssen nicht alles sofort wissen, werden Sie lernen, was Sie brauchen, wie Sie beginnen ihr Abenteuer des Blogging. Auch die Blogger und Web-Vermarkter, die jetzt erreicht haben, die Spitze des Erfolgs begann mit grundlegenden Fähigkeiten, um ein Blog zu schaffen und jetzt ausgezeichnete Ergebnisse erzielt, müssen noch zu studieren und neue Techniken und .Strategien zu entwickeln, um weiter zu wachsen

Im Folgenden sind die Fähigkeiten, die Sie lernen sollten und arbeiten, um Ihr Wissen zu vertiefen, um ein Blog zu erstellen und zu verwalten:

SEO

eine der Stärken eines Blogs, die nützliche Inhalte in einer konstanten Weise veröffentlicht, ist die Indizierung. Suchmaschinen, vor allem Google, bevorzugen Websites, die Inhalte relevant für den Leser, und damit zeigen, Suchergebnis auf einige Merkmale im Inhalt des Blogs. Aber neben der Konstanz und der Qualität der Inhalte (und damit ihre Nützlichkeit für den Leser), sollte man auch an grundlegende SEO-Regeln.

Optimierung für Suchmaschinen kann eine unglaublich positive Auswirkung auf die Position Ihres Blogs in den Suchergebnissen in Bezug auf bestimmte Schlüsselwörter haben.

:Insbesondere sollten Sie Folgendes wissen

Wie die Logik der Suchmaschinen funktioniert, wie und warum eine Sitemap erstellt wird, wie die Existenz ihrer Website zu kommunizieren Suchmaschinen, wie Sie jede Seite Ihres Blogs für die Indizierung zu optimieren und auch

.die Wichtigkeit von Backlinks und internen Verbindungen zwischen den Seiten Ihrer Website

,Auch wenn es eine wirklich harte Technik zu meistern scheinen kann

alles, was Sie tun müssen, wenn Sie WordPress installiert haben, ist zu installieren "Yoast SEO" Plugin und beginnen, damit zu arbeiten. Für dich ist das mehr als genug!

Überwachen der Besuche

Ein weiterer grundlegender Aspekt für den Erfolg eines Blogs ist, ständig zu überwachen die Besuche, die Sie auf Ihrer Website erhalten.

Verstehen, was die Menschen suchen, um Ihre Website zu erreichen, die Inhalte gut funktioniert und wo in der Welt Ihr Blog zieht Leser aus.

Darüber hinaus sind Informationen wie Alter, Geschlecht, Land oder welches Gerät verwendet wird, um auf Ihren Blog zuzugreifen (Smartphone, Tablet, Desktop-Computer) ist der Schlüssel zur kontinuierlichen Korrektur und Verbesserung ihrer Arbeit.

Es wäre schwierig, einen Blog erfolgreich zu machen, ohne diese dringend benötigten Faktoren zu überwachen. Daher ist es notwendig, dass Sie wissen, das wichtigste Werkzeug, das Ihnen hilft, analysieren Sie alle diese Parameter leicht und effektiv mit: **Google Analytics**!

Was Sie vor allem wissen müsse

So installieren Sie Google Analytics auf Ihrem Blog

so legen Sie die Ziele der Konversion fest

wie zu verstehen, was sind die wichtigsten Suchbegriffe/Phrasen, die mehr Besucher zu Ihrem Blog zu bringen und von welchen Seiten Sie auf Ihren gerichtet sind

wie lange Ihre Besucher auf Ihrer Website verbleiben

und auch der Qualitäts-Index des Inhalts

Veröffentlichen von Artikeln, Förderung von Ihnen mit SEO-Techniken und richtig analysieren

Die Daten dienen keinen Zweck, wenn es nicht zu Artikeln von Wert zu erstellen, die die .richtigen Schlüsselwörter für Nischen-Marketing haben

Sie müssen lernen, wie man effektive Titel zu schreiben, dass der Leser wählen Sie Ihre Inhalte aus vielen, dass Sie zu Ihrer Verfügung, wie man nützliche Inhalte in kürzester Zeit zu schaffen, wie ein Artikel zu strukturieren, und welche Arten von Artikeln Arbeit besser als andere.

Sobald Sie Ihre wertvollen Inhalte erstellen, müssen Sie etwas tun, um es lesen zu erhalten. Es ist aus diesem Grund, dass es grundlegend wird, um die wichtigsten Techniken zu verstehen, die Inhalte Ihres Blogs zu fördern und schnell ein Publikum groß genug, um Ihre Ziele zu erobern.

:In der Praxis müssen Sie wissen

Wer die Einflüsse sind

wie man die Einflüsse in ihrer eigenen Nische zu finden

was sind Guest-Post und warum diese wichtig sind

wie man die Einflussfaktoren Ihrer Nische zu überzeugen, Gast-Posts auf Ihrer Website zu schreiben

welche sozialen Medien ist die wichtigste für Ihre Nische und wie Sie Ihren Blog zu fördern.

Kapitel vier: welches ist das beste Werkzeug, um einen Blog zu erstellen

Nun, da Sie verstehen, warum Sie ein Blog zu erstellen, und wie man Ergebnisse mit ihm,
.können wir über technische Dinge zu sprechen

In der Tat, einer der wichtigsten Aspekte fehlt noch, dh wie ein Blog zu erstellen? Im Internet finden Sie Hunderte von Leitfäden und Tools, um es zu tun, aber die Suche nach relevanten Informationen kann ziemlich hart.
Bevor wir weiter gehen, müssen Sie wissen, dass es zwei Dinge unbedingt notwendig, um Ihren
.Blog: eine Domain und ein professionelles Hosting
die Domain ist der Name Ihrer Website •
(zum Beispiel http://www.mywebsite.com)
.und stellt dar, was Ihre Leser in der Adressleiste sehen, wenn Sie an den Inhalt gerichtet sind
• Hosting bezieht sich auf den physischen Raum (als Festplatte eines Computers), wo die Dateien Ihres Blogs/Website tatsächlich wohnen.

Mit professionellem Hosting, alle Daten, die Sie in Ihrer Website (Dateien, Bilder, andere Medien usw.) zu Ihnen gehört, und Sie können entscheiden, ob Sie installieren oder deinstallieren Sie die zusätzlichen Komponenten, wie je ihren Wunsch. Es gibt zahlreiche Dienstleistungen, die Sie zu einem Domain- oder Hosting-Raum zu kaufen, die Website zu hosten, und viele von Ihnen erlauben Ihnen, beide zu einem relativ niedrigen Preis zu tun.

Welchen Service müssen Sie wählen? Dienste, die es Ihnen ermöglichen, einen Web-Raum zu kaufen, sind viele, und die besten sind in der Regel die von amerikanischen Web-Hosting-Anbietern angeboten. Es ist ganz normal, in einem Dilemma zu sein, welches man wählt, vor allem wenn Sie neu zu diesem Thema sind; aus diesem Grund werde ich Ihnen sagen, welche Hosting-Service Sie über andere überlegen sollten.

Ich persönlich beraten Sie, für Hostgator zu gehen (Klicken Sie auf "Web-Hosting" und dann "Baby-Plan"). Es ist wirklich professionell und Sie müssen einfach das Verfahren folgen, um

Ihre Domain zu kaufen (streng mit Ihrer Nische verbunden) und Ihr Hosting-Raum ("rsosaveas2" ist ein Gutschein-Code mit 70 % Rabatt).

Domain-Namen auswählen

Sie müssen wählen und kaufen einen Domain-Namen für Ihr Blog. Um dies zu tun, ergreifen Sie Ihr Stichwort aus ihrer bisherigen Wahl ("wählen Sie eine profitable Nische") und beginnen .Sie mit der Eingabe in Hostgator

Idealerweise sollten Sie versuchen, einen .com-Namen zu registrieren, wenn Ihr bevorzugter Name nicht verfügbar ist, dann nicht ausschließen, eine andere Domain-Erweiterung zu registrieren, wie z. b. ein .net oder. Info

Die Registrierung eines guten Domain-Namen kann schwierig sein, und Sie werden in der Regel ... feststellen, dass die besten bereits ergriffen wurden

Wenn Sie kämpfen für Ideen versuchen, fügen Sie Wörter wie "News", "Blog", "101", "Tipps" .etc am Ende Ihrer Domain-Namen, oder fügen Sie einen Bindestrich zwischen den Wörtern

Wenn das nicht hilft, versuchen Sie eine Kombination von Wörtern-zum Beispiel .TheHomeBusinessIdeasBlog.com
Versuchen Sie, sicherzustellen, dass Sie Schlüsselwörter in Ihrem Domain-Namen, da dies .wirklich hilft in Bezug auf SEO
Sagen, dass eine andere Option ist, ihren eigenen Namen, da einmal Sie haben Experten Status in Ihrer Nische Sie wahrscheinlich finden, dass Menschen aktiv nach Ihrem Namen suchen zu nutzen.

Wenn Ihr Unternehmen ist auf eine bestimmte Nische dann definitiv sicher, dass Sie dies zu tun, wie Ihr Blog wird der Mittelpunkt ihres Geschäfts gewidmet. Werfen Sie einen Blick auf die Top-Internet-Vermarkter-so ziemlich alle von Ihnen haben ihren eigenen Namen als .com .registriert, und die meisten dieser scheinen zu Ihrem eigenen persönlichen Blog Link

Nun, da Sie ein Domain- und Web-Raum haben, können Sie voran mit der Schaffung Ihres ?Blogs gehen. Aber welches Werkzeug zu verwenden, um den Blog zu erstellen
Um einen Blog zu erstellen, benötigen Sie ein CMS (Kontext Management System) oder ein System für die Verwaltung von Inhalten, die Sie freigeben; ein System, das Ihnen erlaubt, Seiten

oder Artikel von der Seite zu erstellen, zu modifizieren und möglicherweise zu löschen, und das hilft Ihnen auch, die Menüs, Kategorien, handhaben Anmerkungen etc. zu organisieren.

Im Hinblick auf das CMS können Sie eine unglaubliche Anzahl von Alternativen im Internet finden. Einige sind Open-Source-Software (frei verfügbar und editierbar) wie Joomla, WordPress, Drupal

Hier wieder, können Sie verwirrt, welche Strecke zu nehmen. Aber meiner Meinung nach, der beste Weg, um ein Blog zu erstellen und zu verwalten ist WordPress

Wenn Sie ein Blog oder eine Website mit CMS zu verwalten, sind viele Aspekte erforderlich, um berücksichtigt werden: die Einfachheit der Software-Utility, Optimierung für Suchmaschinen Indizierung, Frequenz, mit der es aktualisiert, Präsenz oder Abwesenheit von gemeinschaftlicher Unterstützung (und seine Größe (), Fähigkeit, externe Komponenten .(Plugins), Möglichkeit der Anpassung der Anzahl der Funktionen usw WordPress hat alles.

Es ist sehr einfach zu bedienen. Sie müssen keine Programmiersprache kennen oder eine .bestimmte technische Fertigkeit haben. Es wird innerhalb von Minuten installiert

Suchmaschinen lieben WordPress und damit Ihre Website oder Blog wird automatisch .optimiert

Es gibt 100 % Flexibilität, wenn es um die Individualisierung von Inhalten geht. Es gibt Tausende von Grafik-Templates, beide kostenlos und bezahlt, dass Sie verwenden können, um das Design Ihrer Website ändern, sowie die zusätzlichen Plugins, um Funktionalität zu erweitern.

Dank der unglaublichen Anzahl von Entwicklern, die mit diesem CMS arbeiten, gibt WordPress Ihnen die Flüssigkeit, um Ihre eigenen benutzerdefinierten Funktionen auf Ihrer Website hinzuzufügen, ohne notwendigerweise einen Entwickler zu zahlen, um Sie zu installieren, da wahrscheinlich, was Sie brauchen, wurde bereits entwickelt von jemand anderem .(in Form von Plugins (das Plugin ist ein zusätzliches Modul zu installieren, um die CMS

Da CMS in hohem Grade verwendet wird, genießt es auch eine eindrucksvolle

.gemeinschaftliche Unterstützung und verschiedene Dokumente online

Es ist daher sehr einfach, Diskussionsforen und Websites zu finden, die von WordPress sprechen.

Die Schaffung eines Blogs mit WordPress ist eine relativ einfache Bedienung.

1. Wenn Sie Hostgator verwenden, wie ich Sie beraten, gehen Sie zu Paneel und klicken Sie auf "Quickinstall".

2. Befolgen Sie die Schritte in Bezug auf Ihre Domain.

3. Legen Sie den gewünschten Titel für Ihre Website unter "Blog-Titel".

4. admin-Benutzer: ein primärer Benutzer, der sich anmeldet.

5. admin E-Mail: primäre E-Mail von Ihrer Website (Sie können Ihre persönliche E-Mail in Paneel erstellen)

6. Nachdem die Installation abgeschlossen ist, kopieren Sie Ihren Benutzernamen und Ihr Passwort, und überprüfen Sie Ihre admin-e-Mail, um auf den Link Ihrer Website zu gehen, und loggen Sie sich mit Ihren Anmeldeinformationen.

7. ändern Sie Ihr Kennwort, wenn Sie sich zum ersten Mal an Ihrem Konto anmelden.

8. dann klicken Sie auf "Einstellungen" in der Seitenleiste, gehen Sie zu "Permalinks"; Ändern Sie auf "Post-Name".

9. Klicken Sie auf Plugins und wählen Sie alle, um Sie zu deaktivieren.

10. jetzt können Sie alle löschen, weil Sie nicht wirklich gebraucht werden und können verlangsamen Ihre Website.

11. nun klicken Sie auf "Appearance", wählen Sie Ihre bevorzugte Thema (ich persönlich Beratung "Basic").

12. installieren und aktivieren.

13. Wenn Sie eine "Coming Soon Seite" erstellen möchten, fügen Sie ein neues Plugin namens "WP Maintenance Mode" und bearbeiten Sie es, wie Sie bevorzugen. Nachdem Sie die Änderungen in jedem Abschnitt gespeichert haben, müssen Sie sich abmelden, um zu sehen, wie es angezeigt wird.

14. aber wenn Sie wollen einfach verstecken ihre Website, bis es getan ist, können Sie eine Option in "alle in einem WP-Sicherheits- und Firewall", die ich werde Ihnen in einer Weile zu zeigen.

15. jetzt müssen Sie nur "spielen" mit dem Thema, das Sie abgeholt so viel wie Sie können, um den Prozess zu beherrschen.

16. um Inhalte hinzuzufügen, klicken Sie auf "Post" in der Seitenleiste und machen Sie Ihren Blog Schritt für Schritt wachsen.

Sie sollten ihren Beitrag zu brechen in kleinen Absätzen mit einer Überschrift, wenn möglich, als Internet-Leser neigen dazu, den Bildschirm suchen nach relevanten Informationen statt lesen alles Wort für Wort.

Stellen Sie sicher, dass Ihre Farben nicht zu hart und dass der Text leicht zu lesen ist. Mit gutem Design wird Ihr Blog ästhetisch ansprechend und machen die Leser wahrscheinlicher zu kommen zurück oder bleiben auf Ihrer Seite.

:Wichtig

Wenn Sie nicht erreichen können, Ihre Website Typing "www", gehen Sie zu cPanel, dann .""Advanced Zone Editor", wählen Sie Ihre Domain und suchen "www.yourdomain.com .Bearbeiten-") Typ: CNAME und CNAME: yourdomain.com; Datensatz bearbeiten

So irgend jemand eingeben "www.yourdomain.com" Wille ankommen umgeleitet zu "yourdomain.com"

So machen Sie Ihre Website sicher

1. Ich empfehle Ihnen, die Aufmerksamkeit auf jedes Detail, das ich über das Ändern der Einstellungen erwähnt. Es ist völlig bis zu Ihnen zu wählen, ob Sie oder nicht (ich bin einfach zeigt Ihnen die Einstellungen, die ich persönlich eingestellt, die wirklich gut funktionieren und sind sicher).

    Für jeden Abschnitt, müssen Sie auf "Save Settings" klicken, um Ihre Änderungen zu speichern.

    1. Klicken Sie auf "Plugin" und fügen Sie "alle in einer WP Sicherheit & Firewall".

    2. Aktivieren Sie es und gehen Sie zu "Einstellungen".

    3. Klicken Sie auf "-Version Info" und Flagge "Remove WP Generator Meta-Info".

    4. Klicken Sie auf "Benutzer" in der Seitenleiste, gehen Sie zu "Ihr Profil"; Vergewissern Sie sich, dass Ihr "Benutzername" und "Nickname" verschieden sind. Sie verwenden den "username", um sich auf Ihrer Website-Plattform anzumelden und

2. "Nickname" wird öffentlich gesehen, so ändern "Anzeigename öffentlich" als auch, nach Ihrem neuen "Spitznamen".

3. Klicken Sie jetzt auf WP Sicherheit in der Seitenleiste, gehen Sie zu "Benutzerkonten"; Klicken Sie auf "Passwort" und geben Sie Ihr aktuelles Passwort ein, um zu überprüfen, wie lange es dauert, Ihr Passwort zu knacken.

Wenn es "Tage" oder "Woche" sagt, wird empfohlen, Ihr Passwort zu ändern.

4. Einrasten fort "Benutzer Logik" und kennzeichnen sämtlich Optionen ausgenommen "augenblicklich Sperren ungültige Usernamen" und sparen Untergänge.

5. "failed login Records" zeigt alle IPS, die versuchen, auf Ihre Website zuzugreifen. Sie können Sie für Sicherheits-Untersuchungen benötigen und wenn Sie blockieren möchten, gehen Sie zum "Blacklist-Manager" in der Seitenleiste und setzen Sie die i.p. unter "geben Sie i.p. Adressen" ein.

6. "Angemeldete Benutzer" zeigen den aktuell angemeldeten Benutzer an.

7. jetzt gehen Sie zu "Benutzer-Registrierung" und kennzeichnen Sie die Optionen in beiden Abschnitten.

8. Klicken Sie auf "Datenbank-Sicherheit" und dann "DB-Backup"; kennzeichnen beide Optionen und verlegen es zu 2 Wochen.

9. Geh zu "Filesystem Wertpapier" und vergewissern Sie verlegen alle "empfohlen Aktion". Jeder von Ihnen muss grün sein.

10. Markieren Sie im Abschnitt "PHP-Datei-Bearbeitung" die verfügbare Option.

11. Markieren Sie im Abschnitt "WP File Access" die Option available.

12. gehen Sie zu "Firewall" in der Seitenleiste und Flagge die erste Option "Enable Basic Firewall".

13. Markieren Sie im Abschnitt "Weblink verhindern" die einzige verfügbare Option und speichern Sie Einstellungen (wie immer).

14. in "Login Captcha" Abschnitt, Flagge alle Optionen.

15. Markieren Sie im Abschnitt "Honeypot" die verfügbare Option.

16. gehen Sie zu "Spam Prevention" und kennzeichnen Sie beide Optionen.

17. gehen Sie zu "Scanner" und kennzeichnen Sie beide Optionen.

18. Wenn Sie Ihre Website vorübergehend verstecken wollen, gehen Sie zu "Wartung" und kennzeichnen Sie die Option.

19. gehen Sie zu "Verschiedenes" ⸸ "Frames" und kennzeichnen Sie die Option.

Wie man freie SSL und HTTPS auf Ihrem WordPress Aufstellungsort erhält

SSL (Secure Socket Layer) ist die Standard-Sicherheits-Technologie zur Einrichtung einer verschlüsselten Verbindung zwischen einem Webserver und einem Browser. Mit diesem .sicheren Link wird sichergestellt, dass alle übertragenen Daten privat bleiben

Millionen von Websites verwenden täglich SSL-Verschlüsselung, um Verbindungen zu sichern .und die Daten Ihrer Kunden vor der Überwachung und Manipulation sicher zu halten

Hier ist, warum SSL verwendet werden sollte und warum jede Website im Internet sollte über :HTTPS bedient werden

.Leistung: modernes SSL kann die Ladezeiten der Seite tatsächlich verbessern

.Search Ranking Boost: Suchmaschinen bevorzugen HTTPS-Websites

Sicherheit: Verschlüsseln von Datenverkehr mit SSL stellt sicher, dass niemand auf die Daten .Ihrer Benutzer snoop kann

Vertrauen: durch Anzeige einer grünen Sperre in der Adressleiste des Browsers erhöht SSL das Vertrauen der Besucher

1. gehen Sie zu www.cloudflare.com und unter "Produkte", wählen Sie "SSL"

2. Blättern Sie nach unten und wählen Sie "freier Plan", melden Sie sich an und fügen Sie Ihre Domain hinzu.

3. Sie sind jetzt bereit, die nächsten drei Schritte abzuschließen, die Sie auffordern, Ihre DNS-Einträge zu bestätigen, einen Plan auszuwählen und ihre Nameserver auf Ihrer Hosting/Domain-Plattform zu ändern, um auf CloudFlare zu zeigen.

4. nach dem Ändern der Name-Server, klicken Sie auf "weiter" und überprüfen Sie die Situation.

5. jetzt gehen Sie zu Ihrem WordPress Dashboard und fügen Sie ein neues Plugin "WordPress HTTPS (SSL).

6. installieren und aktivieren.

7. jetzt gehen Sie zurück zu Ihrem Konto in CloudFlare und im Kopf, klicken Sie auf "Seite Regeln"

8. in "Add New Rule", fügen Sie: http://yourdomain.com/* und Set "always use https" auf, dann klicken Sie auf "Add Rule".

9. auch addieren: http://www.yourdomain.com/* und verlegen "allemal benutze HTTPS" fort, derzeitig einrasten fort "addieren Vorschrift".

10. es kann einige Zeit dauern, bevor Sie aktiviert werden.

Wie Backup/Restore Ihrer WordPress-Website

1. Geh zu cPanel, einrasten fort "sichern" und herunterladen "Heim Dateienverzeichnis" sichern.

2. jetzt gehen Sie zu Ihrem Dashboard WordPress und Download "UpdraftPlus Backup/Restore".

3. Aktivieren Sie es und gehen Sie zu den Einstellungen, um eine "wöchentliche" Sicherungskopie Ihrer Website in beiden Optionen einzustellen.

4. Wählen Sie Ihren Remotespeicher (Dropbox ist besser).

5. kennzeichnen Sie die E-Mail-Option und speichern Sie Einstellungen.

6. Befolgen Sie das Verfahren, um es zu Ihrem Dropbox-Konto anzuschließen.

7. es kann manchmal dauern, bis die Sicherung auf der Plugin-Seite angezeigt wird (eine Kopie wird auf Ihre Dropbox-Konto geschickt)

8. wenn etwas schief geht mit ihrem Inhalt oder es wird gehackt, gehen Sie einfach zu Plugin und klicken Sie auf "Restore".

Kapitel fünf: die ultimative Strategie zur Schaffung eines erfolgreichen Blog

Jetzt haben Sie Ihren Blog veröffentlicht, aber es ist noch in der Anfangsphase. Wenn Sie alle Schritte oben befolgt haben, sollten Sie jetzt eine große aussehende Blog, das für .Suchmaschinen optimiert ist

.Es ist jetzt an der Zeit, anfangen zu schaffen das wichtigste – Inhalt

Inhalt ist der Schlüssel, um Geld von Ihrem Blog zu machen. Sie können alle Widgets, Plug-ins, Glocken und Pfeifen, aber wenn Ihr Inhalt nicht machen Menschen Stick herum, dann ist es alles für nichts.

Es gibt viele, die ein Blog mit enormer Begeisterung, aber es dauert nur ein oder zwei Monate beginnen. Es geschieht einfach, weil Sie nicht in der Lage sind, einen Einblick in die Antwort, .die Sie hofften, fangen

:Zwei Hauptgründe für das gleiche sein

.das Bewusstsein, dass die Verwaltung eines Blogs erfordert Engagement und Beständigkeit •
• fehlende angemessene Strategie für die Erstellung von Inhalten.

Es ist eine Tatsache, dass es fast unvermeidlich, nicht zu lassen, ein Blog "stehlen" einen .Großteil ihrer Zeit und Ressourcen

Sie benötigen eine klare Strategie, um erfolgreiche Inhalte zu erstellen und in einer organisierten Weise zu arbeiten, um zu vermeiden, was nicht funktioniert. Dinge wie diese sind wirklich .wichtig, vor allem in den ersten Monaten, nachdem Sie Ihren Blog zu starten

Dies ist die Zeit, in der Mehrheit der Blogger aufgeben ihr eigenes Abenteuer. Sein konsistent wird Ihnen helfen, ihre Arbeit viel schneller zu verbessern, ein qualifiziertes Publikum zu wachsen und Fans zu erhalten, die gerne Ihre Links zu teilen. Es hilft nicht nur bei der Verbesserung der Indizierung auf Suchmaschinen, sondern auch in der Anhebung Sie über mittelmäßig.

Aber hier sind einige Tipps, die Ihnen helfen werden, ein erfolgreicher Blogger.

Schreib es selber und gib ihm deine Persönlichkeit (beste Option)

Wenn Sie einen Brief schreiben können, können Sie einen Blog-Post schreiben. Das ist eine gute Denkweise zu haben-denken Sie an Ihre Leser als Freunde, die Sie schreiben einen Brief an. Sie werden wollen, um Sie zum Lachen zu bringen, empfehlen ein Produkt, das Ihnen geholfen hat und ihre Persönlichkeit in den gesamten Brief zu verwirren.

Wie können Sie Ihren Inhalt mit ihrer Persönlichkeit füllen?
Lassen Sie Ihre Leser wissen, ihre Geschichte. Lassen Sie in Ihr Leben durch die Bereitstellung von Auszügen von Informationen. Dies wird Ihre Leser zeigen, dass Sie menschlich sind-ein Mensch, dass Sie sich beziehen können.

- Menschen lieben Lesung Geschichten, so stellen Sie sicher, dass Ihr Blog-Post haben einige. Dies kann die Geschichte, wie Sie etwas erreicht, wie Sie etwas überwunden und wie Sie Ihr Interesse an Ihrem Thema und so entwickelt.

  - Natürlich, mit Geschichten wie diese, können Sie auch Fragen Sie Ihre Leser, um Ihre Geschichten als gut, so kann jeder voneinander lernen. Diese Interaktivität sollte das ultimative Ziel in Ihrem Blog schriftlich Anstrengungen, und es ist schwer zu erreichen, wenn Sie den Inhalt selbst schreiben.
  - andere Arten von Geschichten können Dinge passieren, um Sie herum
  - ein Gespräch, das Sie vielleicht gehört haben und wie Sie sich auf Ihrem Blog Thema
  - Ihre Übernahme auf etwas geschieht in den Nachrichten, und wie es Sie beeinflusst
  - etwas, das Sie gelesen haben, dass Ihnen ein Brainwave
  - was Ihre Kinder Taten, um Sie zum Lachen zu bringen und wie es Sie an die wichtigen Dinge im Leben erinnert
  - Dinge, die Sie Ihren Freunden erzählen

Halten Sie einen Notizblock mit Ihnen zu allen Zeiten und notieren Sie etwas Interessantes, das Ihnen geschieht.
Können Sie sich auf diesen interessanten Ausschnitt auf etwas in Ihrem Blog (auch wenn es ein wirklich langweilig Link, da dies wird Ihre Leser Lächeln)?

Wird es Ihre Leser zu sehen Sie als mehr Menschen? Das sind die Geheimnisse zu guten Inhalten auf Ihrem Blog.

Kennen Sie Ihre Zielgruppe-definieren Sie Ihren Avatar

Sobald Sie Ihre Nische eingerichtet haben, müssen Sie wissen, das durchschnittliche Profil der Personen, die zu ihm gehören, um Ihre Probleme, Bedürfnisse, Ziele und Bestrebungen zu .verstehen

Ein sehr nützlicher Weg, dies zu tun ist, um den sogenannten "Avatar", eine komplette Karte mit allen demographischen Informationen, persönlich und professionell, und zu wissen, wer .könnte Ihr idealer Besucher

Auf diese Weise werden Sie in der Lage sein, Sie besser zu verstehen und damit passender und relevanter Inhalt zu produzieren, um Ihre Probleme zu lösen.

Definieren Sie die wichtigsten Themen Ihres Blogs

Nun, da Sie die Bedürfnisse Ihrer Nische zu verstehen, beginnen Sie mit der Definition der Fragen, die Sie mit in Ihrem Blog umgehen können. Es ist in der Regel eine gute Praxis, mit dem Schreiben unter 2–3 Hauptkategorien von Themen beginnen.

Organisieren Sie Ihre Arbeit

Don't Get lost in einem Meer von Ideen, Notizen, Entwürfe von Artikeln etc. Es wird empfohlen, Programme oder Geräte zu verwenden, die Ihnen dabei helfen, die Arbeit zu .organisieren und alle Materialien synchron zu halten

Sie können Verknote für Notizen verwenden, organisieren und archivieren, da es über Plattformen verfügbar ist und synchronisiert alles zwischen Ihrem Mobiltelefon, Tablett und dem Computer automatisch. Google Drive kann auch verwendet werden, um einen Kalender-

Editorial zu erstellen. Es wird Ihnen helfen, sich auf das, was wirklich wichtig ist, um Ihr Ziel zu erreichen.

Erstellen Sie einflussreiche Artikel

Auch nachdem Sie Ihren redaktionellen Plan gemacht und das richtige Thema zu diskutieren, müssen Sie Ihren Inhalt in eine attraktive Art und Weise, die dem Leser hilft, zusätzlich zu sein .optimiert für SEO und Suchmaschinen zu schreiben

Denken Sie immer daran, für die Leser zu schreiben und nicht für sich.

Förderung, Förderung, Förderung

Sie können die besten Blog im bekannten Universum haben. Aber wenn Sie nicht alles, was Sie .tun können, um die Menschen wissen, es ist da, niemand wird jemals es sehen

Es gibt viele Promotion- und Marketing-Techniken, die Sie verwenden können, um Aufmerksamkeit auf ihre Anstrengungen zu lenken. Zum Beispiel, senden Sie Ihre Website zu Blog-Verzeichnissen. Senden Sie Ihre besten, interessantesten Beiträge zu Sozial Bookmarking Sites, wie Digg oder StumbleUpon, und nutzen Sie die Websites wie Technokratie

Regelmäßig Posten

Sobald Sie Besucher beginnen, möchten Sie alles tun, um zu versuchen, Sie zu halten zurückzukommen, und die Weise, das zu tun ist, indem Sie frische, neue Inhalte zu Ihrer Seite .regelmäßig hinzufügt

Wenn Besucher gehen zu einem Blog, das nicht in einer Woche oder sogar einen Monat aktualisiert wurde, könnten Sie annehmen, dass es vermutlich nicht bald aktualisiert werden, .also gibt es wenig Grund für Sie, zurück zu dieser Seite zu gehen

Aber wenn Sie sehen, dass ein Blog wurde in den letzten Tagen aktualisiert, und wurde aktualisiert nur ein paar Tage davor, werden Sie annehmen, neue Inhalte wird wahrscheinlich bald hinzugefügt werden und wird einen Punkt zu kommen zurück zu sehen, was neu ist.

Tägliche Aktualisierung wäre am besten, aber vielleicht nicht praktisch für Sie. Aber Sie sollten versuchen, mindestens zwei oder dreimal wöchentlich zu aktualisieren.

Antworten auf Kommentare

Es wird Sie fühlen sich gut, wenn die Besucher die Zeit nehmen, Kommentare zu ihren Beiträgen zu hinterlassen, und Besucher fühlen sich gut, wenn Sie reagieren auf Ihre Bemerkungen, in der Tat, werden Sie eher zu Ihrem Blog zurückkehren und kommentieren Sie .Ihre zukünftigen Posts

Jeder Blogger hofft, dass Ihr Blog wird ein Erfolg und wird viele Besucher anzuziehen, und indem Sie dieses Blogging Ratschläge in Aktion, werden Sie auch auf dem Weg zu einem erfolgreichen Blog.

Leiten Sie den Datenverkehr in Richtung Umwandlung

Die Mehrzahl der Besucher, die Ihre Website besuchen, können nicht dorthin zurückkehren. .Daher ist es erforderlich, dass Sie veranlassen, die gewünschte Aktion auszuführen

Also, nehmen Sie den ersten Schritt in Richtung Ihr Ziel mit Methoden wie Rekordding Newsletter, eine Zusammenstellung eines Fragebogens, senden Sie ein Kontaktformular, um ein Zitat usw.

Extra Context Tip: Putting Video in Ihrem Blog

Jeder liebt Videos. Hinzufügen von Videos wird Ihre Leser auf Ihrem Blog für längere Zeit zu .bleiben- und Sie sind für den Verkehr zu groß

Sie können entweder Ihre eigenen Videos oder Sie können ein gutes Video auf YouTube zu finden, die Sie in einen Blog-Post einbetten können.

Kontinuierlich überwachen, korrigieren und wiederholen

Der Schlüssel zum Erstellen eines erfolgreichen Blogs ist es, ständig die Ergebnisse zu überwachen, sehen, was funktioniert besser, löschen, was nicht funktioniert, und .experimentieren kontinuierlich mit neuen Techniken, Themen und verschiedenen Inhaltstypen

Manchmal kann es auch dazu führen, dass Sie Ihr Hauptziel neu zu definieren, was eine - percussion in der Kaskade an allen anderen Punkten, die ich gerade aufgeführt.

Wie lange dauert dieser Prozess, bevor Sie die ersten Ergebnisse sehen?

Die am häufigsten gestellte Frage, wenn wir über die Schaffung eines erfolgreichen Blogs .sprechen ist wahrscheinlich die Zeit, die es braucht, um die Ergebnisse zu sehen

Leider ist die einzige Antwort, die alle Situationen passt, dass die Zeit, die notwendig ist, um die .ersten Ergebnisse mit Ihrem Blog zu erhalten variiert in erster Linie auf Ihr Ziel

Wenn Ihr Hauptgrund, zum Beispiel, ist, mit einem Blog zu verdienen, dann könnten Sie ein Info-Produkt (das kann ein "How-to" Leitfaden) und Messen Sie Ihre Ergebnisse auf dem Verkauf dieses Produkts zu erstellen. Wenn Sie "xxx" e-Bücher oder Video-Guides in den .ersten 6 Monaten verkaufen, dann könnte man sagen, dass Sie Ihr Ziel erreicht haben

Wenn Ihr Ziel ist es, ihren Ruf zu entwickeln und sich selbst beliebt im Web, dann kann es auf der Grundlage der Kommentare, Einträge und Anhänger, die Sie auf ein soziales Netzwerk .gewonnen zu messen. Es würde vielleicht ein wenig mehr Zeit dauern

Abgesehen von Ihrem Ziel, die Ergebnisse variieren je nach Nische Markt oder Industrie. Aber denken Sie daran, dass mit einem Blog und veröffentlichen wertvolle und nützliche Inhalte automatisch macht Sie ein Experte in Ihrer Nische.

Positionieren Sie sich als Experte kann Ihnen helfen, :

Erhöhen Sie das Verhältnis des Vertrauens mit dem Leser, verkaufen Sie mehr Produkte, erstellen Sie nachdenklich Führung, kommen in Kontakt mit populären Namen Ihrer Branche .und schaffen ein wichtiges Netzwerk von einflussreichen

Dies sind einige der Vorteile, die Sie durch die Veröffentlichung von qualitativ hochwertigen

.Inhalten mit Konstanz erhalten können

Die meisten der für einen erfolgreichen Blog erforderlichen Techniken kommen mit Erfahrung

.und versuchen auf dem Feld, was funktioniert und was nicht

Wie erfolgreiche Blogger verdienen Geld?

Dies ist die Frage, an die Sie vermutlich eine Antwort für in diesem Buch erwartete. Wie

?können Sie verdienen mit einem Blog? Was sind die am weitesten verbreiteten Techniken

Es sei denn, Sie öffnen ein Sport- oder Klatsch-Blog, oder ein anderes Makro-Thema nach von Leuten gesucht, können Sie Google AdSense oder traditionelle Werbe-Methoden (Banner oder Links) zu vermeiden. Diese Methoden ärgern die Leser, da diese wenig inhärent sind Inhalt

.Ihres Blogs und werden eher invasive

Darüber hinaus, Banner und Dienstleistungen wie Google AdSense werden Sie etwas lernen, nur wenn Sie ein Blog in der Lage zu erhalten ein Minimum von 10000 einzigartigen Besuchern täglich (Unique Besucher bezieht sich auf eine Person, die eine Website besucht mindestens einmal. Jeder Besucher der Website wird nur einmal im Berichtszeitraum gezählt.

Der Prozess, den Sie befolgen müssen, um möglichst optimale Ergebnisse zu erzielen, ist:

1. studieren Sie den Markt

2. Erstellen Sie ein professionelles Blog

3. überraschen Sie Leser mit erstaunlichen Inhalt

4. Erstellen Sie eine Beziehung mit Lesern

5. Erstellen Sie eine Beziehung mit anderen Einflussfaktoren auf Ihrem Markt

6. Post einen Artikel auf ihren Blogs

7. Arbeit an Emotionen der Menschen

8. Erstellen Sie eine Facebook-Seite und starten Sie Ihre Beiträge zu verknüpfen.

9. Fragen Sie Ihre Leser, was Sie wollen und was Sie suchen, durch ein Google-Formular.

10. nach den Ergebnissen der Google-Form, erstellen Sie digitale Produkte, die inhärenten Inhalten Ihres Blogs und verkaufen Sie

11. Verkauf von Drittanbieter-Produkten über Affiliate-Marketing

12. Sobald Sie begannen zu verkaufen, verwenden Sie Facebook-anzeigen, um Ihren Traffic zu erhöhen.

Welche Produkte zu erstellen?

Lassen Sie uns über eine Sache klar sein. Wenn Sie die Schritte in diesem eBook folgen, werden die Leser einfach lieben ihre Inhalte. Die Menschen, die Ihnen folgen werden nicht genug Zeit, um in der Lage sein, alles neu geschrieben von Ihnen, müssen Sie sich im professionellen .Vertrauen und Wertschätzung für Sie zu entwickeln

Wenn Leser dieses Gefühl des Vertrauens zu Ihnen haben, fühlen Sie sich wie der Kauf Ihres Buches (EBook), Ihr Produkt oder versuchen Sie die Dienstleistungen, die Sie beraten, und !damit es möglich wird, mit einem Blog zu verdienen

Ich empfehle Ihnen, eine Sache zu erinnern: ab dem Augenblick, in dem Sie den Blog starten, beginnen Sie Ihr Produkt zu verwirklichen. Eine große Zahl von Bloggern sagen, dass es unmöglich ist, mit einem Blog zu verdienen, ohne zu versuchen, etwas zu verkaufen. Die Wahrheit ist, dass die Menschen nicht die Zeit erhalten, ihre Produkte zu kaufen, dafür müssen Sie Ihnen ein!

Schreiben eines eBook

schreibe ein eBook ist wirklich einfach! Sie brauchen nicht zu einem professionellen Schriftsteller zu leisten, den .Luxus der Ausdruck ihres Wissens in Form eines Textdokuments und verdienen mit einem Blog

Die Anzahl der Seiten spielt keine Rolle. Selbst wenn es 50–100 Seiten enthält, kann es ein Hit sein, wenn es .erstaunliche und nützliche Inhalte enthält

Die andere wichtige Sache, die Sie brauchen, ist eine Zielseite, die eine Plattform, um Ihnen zu helfen, Ihre Leser .zu Ihrem Buch zu kaufen

Sie finden eine Menge von Leitfäden und Tutorials, um eine gute Zielseite im Web (z. b. Google) zu erhalten. Obwohl ich, kein Zweifel, schlage vor, "Leadpages", der unbestrittene Marktführer in der Welt zu einer großen Zielseite zu schaffen! Es ist die Plattform, mit der Sie Leads und Kundenkontakt von Zielseiten, Papp-Formularen, Sozial Media, Test-Messing und E-Mail-Adressen sammeln können. Die einfache Schnittstelle .und die eingebaute Optimierung hilft Ihnen, Ihr Geschäft online (und aus) zu wachsen

Die Zielseite kann Ihnen helfen, mehr zu verkaufen, neue Kunden anzuziehen und verdienen mit Hilfe eines

!Blogs

Neben herkömmlichen Papier-Methoden können Sie Ihre Produkte mit einem PayPal-Konto verkaufen. Viele

.Leitfäden sind online verfügbar, die es noch einfacher machen

Bleiben Sie ruhig, es ist Zeit, alles zu lernen und das wichtigste ist, um Erfolg mit Ihrem Blog haben.

Erstellen eigener Produkte

die Schaffung eines Produkts zu verkaufen ist wirklich einfach. Es kann digital sein oder nicht. Um mich klar zu machen, werde ich Ihnen einige schöne Beispiele:

* *wenn Sie ein Fashion-Blogger, können Sie mit einem Blog zu verdienen t-Shirts von Ihnen entworfen. Erhalten Sie in einen Vertrag mit einem Produktionsunternehmen für das gleiche.*

* *wenn Sie ein Schriftsteller sind, können Sie Ihren Roman verkaufen.*

* *wenn Sie ein Bonsai-Experte sind, können Sie einen Leitfaden auf wachsenden Bonsai verkaufen.*

* *wenn Sie ein Webmaster sind, können Sie ein Buch über die Web-Entwicklung zu verkaufen oder können Ihre Dienste verkaufen, um professionelle Websites zu erstellen.*

* *wenn Sie ein Experte in irgendeiner Disziplin oder Kampfkunst, können Sie Veranstaltungen oder Seminare für ein paar Tage in der Stadt, in der Sie mehr Leser haben, organisieren.*

* *wenn Sie in Sie sind, können Sie mit einem Blog verkaufen Ihr Plugin für WordPress oder für Ihre Anwendung zu verdienen.*

Beispiele sind unendlich.

Affiliate-Marketing

es könnte der Fall sein, dass Sie nicht über Ihr eigenes Produkt zu verkaufen, vielleicht, weil Sie nicht fähig .sind, es zu realisieren oder vielleicht wegen mangelnder Zeit

Geld verdienen mit einem Blog ist immer noch möglich. Affiliate-Marketing kommt hier ins Bild. Es lässt Sie .werben Drittanbieter Produkte und verdienen einige Prozent des Verkaufs

Zum Beispiel, nehmen wir an, Sie haben einen Football-Blog, und Sie wissen nicht genau, was zu verkaufen. Sie können über die Biografie von Messie in Ihrem Artikel erwähnen und einen Link zu Amazon für die Menschen, die in den Kauf des Buches interessiert (unter Ausnutzung der Amazon Affiliate-Programm). Auf diese Weise können Sie Geld verdienen für jeden Besucher, kauft das Buch von Amazon über Ihren Link.

Amazon und viele andere Unternehmen erlauben Ihnen, sich Ihnen anzuschließen und auf Ihre Produkte zu verdienen (sogar mehr als 10 % des Verkaufspreises). Um Ihrem Programm beizutreten, brauchen Sie nicht, um das Unternehmen zu kontaktieren oder ein komplexes .Verfahren folgen, müssen Sie nur zu Ihrem Affiliate-Programm abonnieren

Um Ihre Affiliate-Programme zu finden, Google der Name des Unternehmens gefolgt von .""Affiliate-Programm". Beispiel: "Amazon Affiliate Programme

Halten Sie immer im Verstand zu finden, ein Affiliate-Produkt, das für das Thema Ihres Blogs relevant ist und Sie können eine gute Arbeit zu rutschen es in. Sie können stehen, um einige ordentliche Gewinne zu machen. Affiliate-Marketing zahlt im Allgemeinen mehr pro Verkauf, als Sie pro Klick mit anderen Formen der Werbung machen würden, aber Sie müssen Besucher haben, dass beide klicken Sie auf Ihre Affiliate-Link und kaufen Sie das Produkt.

Fügen Sie hier Ihren Text ein. Klicken Sie nach der Prüfung auf die farbig unterlegten Textstellen. Oder nutzen Sie diesen Text als Beispiel für ein paar Fehler, die LanguageTool erkennen kann: Ihm wurde angst und bange, als er davon hörte. (Eine Rechtschreibprüfung findet übrigens auch statt.

Die gute Sache über die Verwendung einer dieser Websites ist, dass Sie eine riesige Liste von Produkten zu wählen, und die Website wird Ihre Zahlungen zu verwalten und ihre Verkäufe Statistiken zu verfolgen. Hier ist eine Liste von Websites, die Sie verwenden können, um Affiliate-Marketing-Möglichkeiten zu finden:

Clickbank

Die beliebtesten Affiliate-Marketing-Website, bietet Clickbank Blogger eine verwirrende Reihe von Produkten auf den Markt als Affiliate. Alle Ihre Produkte sind digitale Produkte, wie .eBooks und Reports

Sie finden Dinge auf nahezu jedem Produkt, geordnet nach Kategorie. So, egal, was Sie Blog über, sind die Chancen, dass Sie ein Affiliate-Produkt auf Clickbank finden können. Auszahlungen reichen von ein paar Dollar pro Verkauf auf 50 Dollar oder mehr.

JVZoo

Als Clickbank erhalten Sie bezahlte sofortige Kommissionen direkt zu Ihrem PayPal Konto durch Förderung eines der Produkte, die JVZoo Verkäufer zum Verkauf haben. Es ist frei, ein Affiliate bei JVZoo zu werden und Sie haben .sofortigen Zugriff auf alle Ihre Affiliate-Tools und Schulungen

Affiliate-Marketing kann eine großartige Möglichkeit, Geld aus Ihrem Blog zu machen. Denken Sie daran, Ihre Marketing-Versuche natürlich zu halten und versuchen Sie nicht zu "verkaufen," eher Rate oder zu informieren. Die meisten Affiliate-Websites, die Sie mit Produkten zu vermarkten, wird die Verfolgung .ihrer Einnahmen und Statistiken, die Sie sehr bequem

Beratung und professionelle Dienstleistungen
wenn ich ein Blog zu erstellen, würde ich die Arbeit anvertrauen, eine unbekannte Web-Agentur oder meine Lieblings-Blogger und Experte, die ich seit Jahren ?gefolgt? Was denkst du

Ich würde definitiv mit der letzteren gehen, wie ich sein Know-how seit Jahren in seinen ausführlichen Artikeln bekannt.

Wenn Sie Maler sind, können Sie Jobs auslagern. Wenn Sie ein Designer sind, können Sie Ihre t-Shirts verkaufen. Wenn Sie Schmuck machen, können Sie Ihre Kreationen zu verkaufen. .Wenn Sie ein Webmaster sind, können Sie Ihre Dienstleistungen zu verkaufen Consulting Services machen einen unglaublichen Markt! Du hast nie geträumt, von zu Hause aus arbeiten zu können?

Die Titel ihrer Beiträge bestimmen den Erfolg Ihres Blogs.

Die Titel ihrer Beiträge sind die erste- und vielleicht das einzige-Tool, mit dem die besten ersten

.Eindruck auf einen potenziellen Leser zu machen

Ohne ein erstes Versprechen überzeugend den Besucher in den Leser umzuwandeln, kann der

.Rest der Wörter in Ihrem Artikel enthalten nie gelesen werden

Für alle 10 Personen, 8 nur lesen Sie den Titel der Post und nur 2 lesen Sie den gesamten

.Inhalt

Es ist aus diesem Grund genau, dass das Schreiben attraktiver Titel ist eine der Kernkompetenzen der hochrangigen Blogger.

Diese beiden Gründe sind mehr als genug, um Sie über das gleiche zu überzeugen:

• wenn die Menschen nicht lesen Sie Ihren Artikel, verbrachte Zeit schriftlich es ist eine Verschwendung.

• wenn eine Person einen ganzen Artikel liest, bedeutet dies, dass er mit seinem Inhalt angenehm zufrieden ist und es daher mehr Grund geben wird, ihn mit anderen Leuten zu teilen.

Abgesehen von der Dauer der Lesung scheint sich proportional zu dem Interesse der Besucher aus dem Titel des Artikels, vorausgesetzt die Qualität der Inhalte ist nicht gefährdet.

Wenn Sie jemals ein Blog mit faszinierenden Titeln zu lesen, Sie sicherlich erlebt die so genannte Sensation "Hunger nach Reading": eine mystische Erfahrung, die Ihren Geist zu erkennen, jeden Artikel, die Sie betrachten, als unerlässlich.

Während der Besuch dieser Art von einem Blog, Sie am Ende sparen Dutzende von Beiträgen in den Favoriten aus Angst, Sie zu verlieren.

Kapitel sechs: tödliche Fehler, die Ihr Blog zu Versagen führen

?Was sind einige der häufigsten Blogging-Fehler

Sie können ein Blog mit relativer Leichtigkeit beginnen. Deshalb sind so viele Menschen angezogen, es zu tun. Und die Tatsache, dass Sie tatsächlich Geld schreiben können über .Dinge, die Sie interessieren, macht Blogging noch attraktiver

Sobald Sie eine Menge Ihrer wertvollen Zeit und Energie, die zusammen ein gutes Blog verbracht, wäre es eine Schande, wenn ein paar leicht zu vermeiden Fehler verletzt ihre Chancen, einen Gewinn aus ihren Anstrengungen. Aber machen Sie misschritt, während die .Förderung Ihres Blogs kann beeinflussen, wie viel Geld es macht auf lange Sicht

Wenn Sie Geld als Blogger machen wollen, sind hier einige Blogging-Fehler sollten Sie versuchen, zu vermeiden.

Sie sind nicht differenziert

Der Blog dient zum Erstellen einer Marke (geschäftlich oder privat). Wenn Sie bemerkt werden .wollen, müssen Sie sich von der Masse abheben
Sie müssen Ihren persönlichen Ansatz finden. Finden Sie Ihre Einzigartigkeit. Ich spreche nicht von Ihrem Anruf, der nur für Sie gilt. Die Interessen und die Probleme der Menschen sind gut definiert, Sie brauchen nicht zu erfinden, ein neues, müssen Sie nur ihren eigenen Weg zu .finden, um mit Ihnen umzugehen

Mangel an Promotion
Unzählige Blogger haben diese Erfahrung gehabt. Sie verbringen Stunden Zusammenstellung Ihres Blogs. Dann nehmen Sie eine Pause und gehen, um etwas Spaß für ein paar Stunden zu tun. Wenn Sie zurückkommen, erwarten Sie, dass Ihr Blog Dutzende von Besuchern hatte, aber Sie entmutigt sind, zu finden, dass nicht ein einziger neuer Betrachter Ihren Blog besucht hat.

Niemand wird zu wissen, Ihr Blog ist da, wenn Sie Ihnen erzählen, und ein Blog ohne Besucher .wird nicht Geld verdienen

Sie können das Wort aus über Ihren Blog mit Artikel-Marketing, oder Sozial Bookmarking, oder indem Sie Menschen an Massage Boards darüber zu informieren. Es gibt viele Ratschläge online über Möglichkeiten zur Förderung einer neuen Blog. Nutzen Sie es.

Die Veröffentlichung der besten Post auf Ihrem Blog

.Es ist eine Verlängerung des obigen Punktes
In der Anfangsphase, ihre besten Beitrag endet auf einem anderen Blog veröffentlicht. Macht es ?dich traurig

.Anstatt das Herz zu verlieren, fangen Sie an, eine Vision der nahen Zukunft zu kultivieren Denken Sie daran, nicht zu schreiben Third-Klasse Guest Posts nur für einen Link. Wenn Sie möchten, die Aufmerksamkeit der Leser zu ziehen, legte ihre Inhalte, wo die Menschen sehen .und zu schätzen wissen

Sag nicht dieselben Dinge wie jeder. Was Blends wird ignoriert, was auffällt, wird sich erinnert. So einfach ist das.

Nicht arbeitend auf Sozial Media Marketing

Strategische Ausnutzung von Facebook, Twitter & Co. erfordert die Verwendung spezifischer Tools. Diejenigen, die Online-Geld zu investieren Geld in die Nutzung dieser Plattformen, und vor dem Investieren, haben ein beträchtliches Know-how in der Nutzung von Sozial Network .erworben
Wenn Sie auf dem Markt neu sind, widmet sich Zeit und Aufmerksamkeit zu verstehen, wie man Google Plus nutzen könnte scheinen, ein Verlust der Zeit. Aber in der Zukunft wird es nützlich sein.

Während Sozial News Sitzes wie Digg verwendet, um die begehrtesten Quellen des Verkehrs für Blogger, Facebook und Twitter sind viel produktiver für die meisten Blogger right now.

Wenn Sie ein anständiges Profil auf beiden Seiten können Sie sich selbst zu halten Besucher

.kommen zurück zu Ihrem Blog, wie Sie Links zu ihren Beiträgen an diesen Standorten

Wenn Sie ein Profil auf einer dieser Websites stellen Sie sicher, dass Sie es mit Ihrem Blog verknüpfen, so ist es einfach für Ihre Besucher finden Sie dort, und wenn Sie nicht bereits Profile auf Facebook und Twitter, jetzt ist eine großartige Zeit zu starten.

Going "Live" in Kürze

Während die Förderung Ihres Blogs ist wichtig, müssen Sie wissen, wann Sie anfangen zu

.fördern

Wenn Sie Geld verdienen Blogging wollen, werden Sie wahrscheinlich wollen, zu erzählen Menschen über Sie so bald wie möglich. Aber Sie wollen nicht zu Ihrem Blog in die Welt zu

.früh einzuführen

Haben Sie jemals besuchte ein Blog, das nur ein oder zwei sehr kurze Beiträge? Haben Sie sich entschieden, dieses Blog war eine großartige Quelle für interessante Informationen, und dass

?Sie es bald wieder zu besuchen

.Wahrscheinlich nicht

Wenn Sie alle die Mühe, die Menschen zu Ihrem Blog zu Besuch gegangen sind, wollen Sie Ihnen etwas so gut, Sie wollen wiederkommen, um mehr zu erhalten.

Fangen Sie nicht an, Ihren Blog zu fördern, bis Sie 5 oder 10 gute Pfosten haben. Dies sollte nur nehmen Sie eine Woche oder zwei zu erreichen. Wenn Besucher sehen, dass Sie viele gute Inhalte haben, und Sie regelmäßig aktualisieren, sind Sie viel wahrscheinlicher, um einen

.Rückkehr zu besuchen

Wenn Sie in der Zeit zu schaffen ein gutes Blog, sollten Sie die Vorteile zu ernten. Und durch die Vermeidung dieser gemeinsamen Blogging-Fehler, werden Sie Ihre Chancen auf Erfolg zehnmal erhöhen.

Schreiben zu viele Pfosten

Niemand kümmert sich, ob Sie schreiben 8.000 Beiträge pro Monat oder nur zwei. Was zählt,

.ist, wie viele Menschen Sie lesen

Das Hinzufügen weiterer Inhalte hilft Ihnen nicht mehr Leser zu erhalten. Die Mathematik

.funktioniert einfach nicht

Das Geheimnis liegt in ihrer Fähigkeit, die Inhalte, die Sie bereits zu fördern, denn wenn Sie etwas, das nur von 100 Menschen gesehen haben, sind die Chancen, dass es Tausende von Menschen in der Welt, die auch von dem, was Sie schrieben.

Der einzige sichere Weg, um ein Publikum in weniger als zehn Jahren zu sammeln ist, die

.Unterstützung derer, die ein größeres Publikum haben zu erhalten

Ja, ich spreche von Networking und Guest Posten Statt schriftlich Hunderte von Beiträgen, starten Sie eine Beziehung mit Bloggern, die bereits eine aktive Plattform zu bauen. Finden Sie einen Weg, um Ihre Inhalte auf einem Blog, dass jemand liest, anstatt Sie auf einer verlassenen Plattform zu veröffentlichen.

Nichts verkaufen

.Es spielt keine Rolle, ob es ein Versagen oder wenn niemand kauft es

Putting etwas auf den Verkauf nimmt Ihr Blog voraus als:

1. Sie erhalten ein deutliches Feedback von Leuten.

2. Sie zeigen, dass Sie ein Experte sind. Vielleicht nicht das beste, aber Sie sind sehr zuversichtlich, Lösungen für die Probleme der Leser anzubieten.

3. Sie machen die Menschen verstehen, dass Sie es ernst tun, und diese Ernsthaftigkeit zahlt sich aus, um Ihr Publikum zu halten.

Sicherlich, legte etwas echt auf den Verkauf. Wenn die Leute das Gefühl haben, dass Sie Ihnen etwas geben, beginnen Sie zu glauben, dass Sie ein konkretes Projekt haben und Sie arbeiten,

.um etwas mehr als die üblichen 3-Artikel-und-Stop-Blog zu schaffen

Setzen Sie das Ziel, einige Produkte/Dienstleistungen im ersten Jahr des Lebens Ihres Blogs zu verkaufen.

Keine E-Mail-Liste erstellen

Wenn Sie in einer Gewohnheit des Lesens Blogs oder Foren, müssen Sie gehört haben, die Catch-Phrase "das Geld ist in der Liste", ich glaube, es ist so ein Klischee gespielt, weil es wahr .ist

Wenn Sie eine Liste erstellen, haben Sie jedes Mal ein sofortiges Publikum, wenn Sie ein neues Stück Inhalt veröffentlichen. Sie haben Menschen, die Vertrauen Sie und ihre Empfehlungen, ob Sie Ihr eigenes Produkt zu verkaufen, oder empfehlen Sie Affiliate-Produkte oder einfach neue Blog-Post zu fördern.

Kommentieren von überall

Wenn Sie eine unter vielen Lesern zu einem Beitrag kommentieren, dann ist es offensichtlich, .dass Sie eine Antwort vom Autor des Artikels wollen, und nicht nur jedermann

Wenn Sie diese Route zu reisen, um Ihre Leser glücklich machen wollen, wählen Sie nur ein Blog. Finden Sie Ihren Weg mit ihren Kommentaren, um eine Marke und Antwort als Autor des Artikels.

Diejenigen, die Blick auf die Kommentare müssen erkennen, dass der Blogger hat die Mühe, .um eingehende Antworten geben und nicht nur aus Gründen der formalen
Dies unterscheidet Sie von den Medien und macht Sie verdient Aufmerksamkeit.

Kapitel Sieben: die Geheimnisse zu produzieren immer ausgezeichnete Inhalte auf Ihrem Blog

Wenn Sie Inhalte in regelmäßigen Abständen veröffentlichen, werden Sie mehr verkaufen. Die Geschichte ist dies: Konten-") Traffic-") visits-") Sales
selbst wenn Sie den Prozess der Werbung betreten, können Sie nicht vom Inhalt zurücktreten. Um nicht wegwerfen Ihre Werbung Budget, müssen Sie Ihre Anzeige klicken Sie auf eine Art von Inhalten. Es führt folglich zu "warmen" Verkehr, der dann erwägen könnte, ihre Produkte .oder Dienstleistungen zu kaufen

.Als Instrument zur Förderung von Inhalten wie Video, Audio oder Text ist fantastisch

Aber wenn Sie jemals versucht haben, einen Blog, einen YouTube-Kanal oder einen anderen Kanal der Promotion durch den Inhalt zu betreiben, wissen Sie, dass es ein "kleines" Problem. Das Konten-Marketing ist ein Rabenaus Beast, dass Sie ständig mit neuen Kreationen zu .nähren

Ich weiß, wie anspruchsvoll es ist, sowohl Inhalte schriftlich zu verwalten und dann Marketing, und ich weiß, die Schrecken, um auf dem Computerbildschirm und Fragen sich "Was soll ich für die Post von morgen zu schreiben?"

Hier, ich bieten Ihnen eine Vielzahl von Werkzeugen, Techniken und Tipps für nie verbleibenden frei von Ideen. Wenn Sie das Lesen abgeschlossen haben, haben Sie ein riesiges Arsenal zu Ihrer Verfügung. Bei jedem Schritt lernen Sie etwas Neues über den richtigen Weg, um Ideen für Dutzende von Artikeln (oder jede andere Art von Inhalten, die Wahrheit zu .sagen) zu produzieren

Finden Sie einen Weg zum sicheren halten Sie Ihre Ideen, weil Sie nur verwendet werden, wenn nicht verloren. Es gibt hundert Möglichkeiten, dies zu tun. Sie müssen das passende finden. Jedes Werkzeug, das Sie für das gleiche wählen, müssen Sie jederzeit zugänglich sein, damit Sie .eine Idee, sobald Sie Ihre Meinung kreuzt

Wichtiger ist, alle relevanten Details zu jeder Vorstellung hinzuzufügen, die wichtig wäre, um es zukünftig wieder aufzubauen. Wenn Sie Anmerkungen regelmäßig überprüfen und speichern, .wäre es einfacher, Ihre Ideen neu zu entdecken

.Egal welches Werkzeug Sie wählen, was zählt, ist, dass es für Sie arbeiten sollte

Untersuchen Sie die Interessen der Online-Community

Für jede Nische, ist es sicher, mindestens eine Online-Community zu finden. Es könnte ein "Old Style" Forum, eine Facebook-Gruppe oder eine andere Plattform. Es gibt einen virtuellen .Ort, an dem sich Fans befinden und die Ratschläge des Rates zu einigen Themen fordern

Diese Gemeinschaften sind Minen von Ideen für Ihre Artikel. Befolgen Sie so weit wie möglich und nehmen Sie die am häufigsten gestellten Fragen, versuchen Sie zu verstehen, was die dringendsten Probleme sind, besondere Aufmerksamkeit auf Fragen, die keine zufriedenstellenden Antworten erhalten. Auf diese Weise werden Sie herausfinden, die wirklichen Punkte des Leidens ihrer Nische. Wenn Sie Artikel mit den Lösungen für diese Schwierigkeiten veröffentlichen, werden Sie sicherlich geschätzt werden.

Stehlen von den Autoren der Bücher

Sie können Tausende von Büchern zu jedem Thema, das Sie suchen geschrieben finden, es ist eine andere Angelegenheit insgesamt Sie haben nur ein paar gelesen. Daher können Sie in jeder Nische Hunderte oder Tausende von Textzeilen erhalten. Diese Fülle von schriftlichen Material .ist sehr nützlich, um neue Ideen für Ihre Artikel zu generieren

Wie Sie dieses Buch kaufen, gehen Sie zu Amazon's Website, suchen Sie nach der Kategorie der .Bücher, die Sie interessieren

Jetzt öffnen Sie die Liste der Bestseller, die Bücher halten Top-Positionen in der Liste wäre die für die meisten nützlich von Lesern. Gehen Sie durch die Titel dieser Bücher und verwenden .Sie, um neue Ideen zu generieren

Schreiben Sie Artikel, die sich mit genau den gleichen Problemen befassen, identifizieren Sie die gemeinsamen Interessen eines Publikums, an den diese Bücher gerichtet sind und denken, wie Sie Ihren Interessen dienen können.

Bewerten Sie die Art des Buches ist es: Es könnte eine inspirierende Text oder enthalten Schritt-für-Schritt-Anleitungen oder kann sogar eine Reihe von Vorschlägen ohne eine bestimmte Sequenz?

Der Titel und die Beschreibung des Buches können Ihnen genügend Einblick in das Buch und wenn Sie noch wollen etwas mehr Idee, Amazon bietet Ihnen eine weitere "Hilfe". Für einige Bücher, können Sie Pep in den Index und sehen, ob es Ihr Interesse. Im Falle von eBooks können Sie sogar einen Extrakt herunterladen, der häufig auch Index einschließt.

Die Titel von Kapiteln und verschiedenen Abschnitten erhalten Sie noch detailliertere Tipps. In der Tat, jeder dieser kann der Titel für Ihren Artikel (oder mehr Artikel).

Sonde in Sozial Media

Auch die Social-Media-Verkaufsstellen sind Goldminen für diejenigen, die auf der Suche nach neuen Ideen, auf die zu schreiben. Sie können die URL, Stichwörter und hashtag im Auge behalten.

Die Instrumente zu tun, so automatisch sind sehr teuer. Viele der freien arbeiten nur auf Twitter. Es ist jedoch nicht schwierig, Ideen für Ihre Artikel von Sozial Media für kostenlos zu erhalten.

Jedes soziale Netzwerk erfordert einen spezifischen Ansatz. Wir würden uns die wichtigsten hier anschauen.

Auf Twitter können Sie die "Standard" Suche verwenden, erreichbar unter der Adresse. Geben Sie ein Stichwort oder ein hashtag und Blättern Sie durch alle verwandten tweets.

Auf Instagram oder FindGram können Sie nur nach Benutzern und hashtag suchen.

.Glücklicherweise, angesichts der intensiven Nutzung der letzteren, finden Sie viele Ideen

.Facebook Suche funktioniert nicht gut, aber die Dinge ändern sich

Graph-Suche ist auch verfügbar, die Ihnen erlaubt, durch alle der Post, einfach durch die

.Verwendung eines Schlüsselwörter, praktisch, was Twitter hat immer erlaubt

Die Geheimnisse der Profis zu bringen Traffic zu Ihrem Blog

eine der größten Herausforderungen einer neu gestarteten Blog versucht, mehr Besucher anzuziehen. Viele Leute denken, dass es genug ist, um einen Blog zu erhalten, um Tausende von besuchen zu beginnen, aber leider ist es nicht so einfach! Heute sind Hunderte von Blogs im Web geboren jeden Tag.

Kapitel Acht: Blogging und Traffic

So generieren Sie Datenverkehr mit AdWords

Unter den verschiedenen Techniken, um Besucher auf Ihre Website/Blog, sicherlich eine der effektivsten ist Google AdWords. Google AdWords ist eine der vielen Dienstleistungen, die .von der berühmten Suchmaschine

Aber was ist das? In der Praxis, dieser Service ermöglicht es Ihnen, unter den ersten Plätzen, in Google-Suchergebnissen, Sponsoring Ihrem Blog. Durch die Schaffung eines Kontos und investieren ein festes Budget, werden Sie sofort sichtbar in den ersten Positionen der .Suchmaschine

Sie können AdWords verwenden, um Verkehr für einen bestimmten Zeitraum zu bringen oder für die Werbung für einen Verkauf oder ein Angebot für eine bestimmte Zeitspanne. Der absolute Vorteil dieses Werkzeugs ist die Schnelligkeit.

Dank Google AdWords können Sie sofort führen Sie Ihren Blog zu haben Verkehr konsequent pour im Monat nach Monat auf der Suche nach Ihren Produkten oder Dienstleistungen und dann sofort neue Benutzer oder Kunden zu finden.

Wie zu generieren Traffic mit LinkedIn

Ich habe 5 wichtige Aspekte, die ich empfehle Ihnen zu lesen und zu berücksichtigen, wenn Sie wollen, um den Verkehr auf Ihrer Website zu erhöhen identifiziert. LinkedIn ist immer noch ein nicht erforscht Land für zu viele Profis und Unternehmen, und ich glaube, es wäre .angemessen, das Wissen über dieses soziale Netzwerk zu verbreiten

Ich sage das nicht nur um es zu sagen. Ich sage Ihnen, weil ich weiß, dass diese Kommunikations-Strategien wirklich funktionieren, da ich persönlich auf meiner Website .getestet habe
Also lasst uns loslegen!

1..machen Sie Ihr professionelles Profil effektiv .

Wenn LinkedIn ist Ihnen unbekannt, im Internet (auch auf meiner Website) finden Sie viele Artikel und

Tipps, um die Grundlagen zu erlernen und das Potenzial des sozialen Netzwerks für professionelle Exzellenz

zu verstehen. Wenn Sie ein Blog oder eine Business-Website, Sponsoring auf Ihrem Profil ist der effektivste Weg,

.um Qualität Verkehr zu vermitteln

Beispielsweise können Sie in der Dropdownliste Profil eine Einladung zum Besuch Ihrer Website hinzufügen,

um weitere Informationen zu ihren Produkten und Diensten anzufordern, oder Sie können den Link in den

Abschnitt "Informationen" Ihres Kontakts einfügen, damit jeder besser verstehen kann, was Sie tun.

Versuchen Sie, präzise und klar zu sein, indem Sie die Vorteile angeben, die ein Benutzer durch den Besuch Ihrer Website erhalten kann.

2.die Homepage ist der Schlüssel zu allem .

Die ständige Aktualisierung der Inhalte ist entscheidend, um eine gute Zunahme der Sichtbarkeit auf LinkedIn

.Profil haben

Aber Flut es nicht mit Updates, die Veröffentlichung eines oder zwei Updates pro Tag ist mehr als genug, um

eine gute Sichtbarkeit zu erhalten und sehen Sie eine Zunahme der Trend des Profils auf LinkedIn Analytics.

3.die Macht und virality von Gruppen .

Man kann ein Buch über LinkedIn Gruppen schreiben, aber ich werde mich beschränken, um Sie verstehen, wie

wichtig es ist, professionelle Zahlen in Ihre Arbeit einbezogen werden, wenn Sie konkrete Ergebnisse sehen

.wollen

Erstens, definieren Sie den Grund, warum Sie sich entschieden haben, ein LinkedIn-Profil zu öffnen: wollen Sie

neue Kunden für Ihr Unternehmen zu finden? Suchen Sie Mitarbeiter für ein Projekt? Nachdem Sie die

Antwort auf die obige Frage haben, müssen Sie nach den Gruppen suchen, in denen Sie Ihre Fähigkeiten teilen

.können

Zum Beispiel, wenn Sie ein Möbel-Vertreter, müssen Sie in Diskussionsgruppen von Innenarchitekten, oder

tragen Kunden, die Sie mieten angemeldet sein. Wenn Sie auf der Suche nach Mitarbeitern und Sie sind in

Web-Marketing, Publishing-Updates auf Diskussionsgruppen im Zusammenhang mit Marketing würde

.Sichtbarkeit und neue interessante Links zu bringen

Kurzum, nutzen Sie die Gruppen unter Berücksichtigung der Zielsetzung, die Sie mit dem Profil eingestellt und dann versuchen, qualitativ hochwertige Inhalte ständig zu veröffentlichen, um die Top-Contributor (was bedeutet .(?es, die Top-Contributor

Auf diese Weise werden die meisten Benutzer ihr Profil besuchen und finden relevante Informationen in Ihren Pfosten und würden mehr über Sie und ihre Tätigkeiten wissen möchten, folglich wünschen, Ihre Web Seite zu besuchen.

4.die Business-Seiten .

Ich verwirklichte gerade das Potential dieses Werkzeugs und erkannte es, wirklich erstaunlich zu sein. Wenn Sie ein Unternehmen oder ein Blog und Sie wollen Verkehr auf die Website zu bringen, erstellen Sie eine Business-Seite auf LinkedIn und verbinden Sie es mit Ihrem professionellen Profil. Wenn Sie eine funktionierende Position hinzufügen und den Namen des fraglichen Unternehmens eingeben, sehen Sie die Vorschau der verknüpften Seite (falls vorhanden) und wenn Sie die Änderungen gespeichert haben, werden Sie .feststellen, dass die Position auf der rechten Ecke angezeigt wird

Indem Sie darauf klicken, können Sie direkt auf die Seite des Unternehmens gehen und von dort auf die Website. Mehr vollständig und aktualisiert die Informationen, mehr werden die Anhänger. Und es wäre noch .einfacher, auf der internen Suchmaschine zu finden

Möchten Sie einen für Ihr Unternehmen erstellen? In diesem Artikel zeige ich Ihnen, wie Sie dies tun.

5.Impuls: sofort löst das Blog auf LinkedIn .

dies ist ohne jeden Zweifel das wirksamste Instrument, um Qualität Verkehr auf Ihrer Website zu liefern. Einige von Ihnen müssen bemerkt haben, dass für einige LinkedIn Profile knapp unterhalb der Informations- .Box, gibt es eine clickable Schlagzeile für einige Artikel

Wie machen Sie das? Mit Pulse, und die Verknüpfung mit anderen Elementen in der Post bekommt viel

.Verkehr auf Ihrer Website

Self-Publishing über LinkedIn Pulse- oder schriftlich Blog-Post auf LinkedIn, dass seine große Kundenbasis
Ziel-kann Ihnen helfen, gewinnen Sichtbarkeit in ihrer Branche, neue Verbindungen zu machen und neue

.Karrieremöglichkeiten zu finden

In meinem Fall, wenn ein neuer Artikel veröffentlicht wird, wird eine Benachrichtigung an jede Verbindung von
meinem Netzwerk und an diejenigen, die nach meiner Updates, informiert Sie über unsere Aktion. Wenn wir
auf LinkedIn und haben ein gutes Netzwerk von Verbindungen, dann jedes Mal, wenn wir etwas
veröffentlichen, werden hunderte von Menschen die Benachrichtigung erhalten und können sofort den Artikel zu

.sehen, kommentieren Sie oder Teilen Sie es

Es ist daher ein guter Weg, um nicht nur Besucher auf die Website zu bringen, sondern auch eine große
Sichtbarkeit zu Ihrem Profil auf der Plattform zu erhalten.

Wie kann man Traffic mit Twitter generieren

Es kann ein großartiges Werkzeug für den Austausch ihrer Artikel und kann einen Push zu
ihrer Diffusion, weil jeder Tweet generiert Tausende von Ansichten und kann viel mehr
.Menschen als möglich mit anderen sozialen Netzwerken zu erreichen

Dies ist, weil jede Person auf Twitter folgt und wird von Nutzern gefolgt, die die gleichen
Interessen (oder es ist so zumindest in den meisten Fällen). Dann wird jeder neue Anhänger
.geneigt sein, Ihre tweets neu zu Tweet und wird Ihre Reichweite exponentiell zu erhöhen

Aber lassen Sie uns sehen, wie dieses soziale Netzwerk zu nutzen, um Verkehr zu einem Blog
zu bringen. Um Kraft zu Twitter und seinem großen Netzwerk zu geben, ist es oft notwendig,

kleinen Status (oder tweets) zu veröffentlichen, die die hashtag # Schlüssel zu Ihrem Blog

.enthalten

.Dank der hashtag können Sie alle Benutzer identifizieren, die in Ihrem Blog interessiert sind

Sobald Sie Ihr Potenzial "target" Benutzer identifiziert haben, müssen Sie nur folgen. Sehr oft werden diese Benutzer folgen Sie im Gegenzug. Also, bei jedem Benutzer haben Sie einen

.neuen Nachfolger zu Ihrem Netzwerk hinzugefügt

Wie können Sie die oben genannte Tatsache zu Ihrem Vorteil nutzen, um die Zahl der Anhänger zu Ihrem Netz zu erhöhen? Ich empfehle Ihnen, eine einfache Strategie umzusetzen: finden Sie Account-Einflussfaktoren ihrer eigenen Nische und beginnen, alle Ihre Anhänger zu folgen. Ein guter Teil von Ihnen wird beginnen, Sie zu folgen im Gegenzug. Auf diese Weise

.werden Sie schnell erwerben potenzielle Zielgruppe Anhänger mit Ihrem Blog

Aber Vorsicht vor den Einflüssen mit zu vielen Anhängern: Sie könnten gekauft werden, und nicht echt! Wählen Sie vielmehr diejenigen, die zahlreiche retweets und Ausdrücke erhalten

.

Wie kann man Traffic mit Facebook generieren

Facebook kennt jetzt fast alles über alle: kennt unsere Interessen gut, was wir tun, was wir gerne beobachten, wo wir leben, und vieles mehr. Mit all diesen Informationen zur Verfügung und .die Fähigkeit, Völker "Profil", kann es vorschlagen, die Zielgruppe zu einem großen Teil

Dies ist ein großartiges Werkzeug für die Suche nach Menschen in Ihrem Blog interessiert. Und es ist auch sehr wirtschaftlich: Sie können anfangen zu tun Facebook Werbung durch .Investitionen nur $1 pro Tag

Die Förderung Ihres Blogs auf Facebook ist sehr einfach, aber es ist nicht so einfach, gute Ergebnisse zu erhalten. Um die besten Ergebnisse von Facebook Ads, Geduld und eine kontinuierliche Verbesserung zu erhalten, sind ein muss. Um effektive Werbung zu schaffen, müssen Sie die bekannteste Gruppe von Menschen, die von den innovativen und verschiedenen .Nachrichten von diesem leistungsstarken Tool angeboten betroffen sind

Also, mein Rat ist, dass Sie mit einem niedrigen Budget (sogar $1 pro Tag) beginnen können und mehrere Experimente ausprobieren neue Ansätze, was das Publikum Aufmerksamkeit .erregt

Kapitel Neuen: eine leistungsfähige Strategie zur Steigerung Ihres Blog Awareness

So haben Sie beschlossen, Blogging für Geld einen Versuch zu geben. Vielleicht haben Sie bereits Ihren Blog erstellt, und haben sogar begonnen, es zu fördern. Und Sie haben vielleicht .sogar ein paar Dutzend Besucher inzwischen angezogen

Starting a New Blog kann eine wirklich spannende Erfahrung, und früh, könnten Sie wirklich .begierig, alle der Promotion-Techniken, die Sie über in Aktion gehört haben, setzen

Aber du kannst dort nicht aufhören. Es gibt Dinge, die Sie tun können, während der .Lebensdauer Ihres Blogs, um sicherzustellen, dass es immer bemerkt

Eine erstaunliche Strategie, um Ihren Traffic dramatisch ist Entsendung Ihren Artikel auf dem .(Blog eines Einflusses (Guest Post

Also, suchen Sie nach einem Einfluss in Ihrer Nische und vorschlagen, einen Artikel auf dem .Blog voneinander zu schreiben

Hier 5 gute Gründe für die Gastgeber Gast Posts:

Mit Guest Posts kommt eine neue Perspektive. Wenn es nur eine Person schriftlich die Inhalte auf einem Blog, sein Stil würde weltlichen für die Leser und daher nicht interessieren Sie so viel. Die Gäste stellen würde einen Hauch von frische Luft in den Blog zu bringen. Aber es gibt einen wichtigen Punkt in Erinnerung zu werden, die Bewertung der Beiträge sollten nicht vollständig vom Hauptthema des Blogs umgeleitet werden.

Anreise zu wissen, ein unbekanntes, aber lohnend Blogger. Es gibt viele gut zu reservieren Blogger, die aus irgendeinem seltsamen Grund nicht auftauchen. Die Aufnahme der Post einer dieser Blogger auf Ihrer Website wird Ihnen helfen, eine doppelte Schub. Man wäre der statistische Aspekt (Bringung neue Leser) und die andere, wichtigere Aspekt wäre ihre Steigerung Moral.

Außerdem ist es wichtig, sich einmal in einer Weile zu entspannen. Sie können nicht halten schriftlich und Entsendung 7 Tage in der Woche, 365 Tage im Jahr! Hosting einer Guest Post können Sie diese dringend benötigte Pause!

Wenn Sie verwalten, um eine Bewertung der Post von einem Hit Blogger erhalten, sind die Chancen für Sie auch hell. Damit wird Ihr Publikum halten Sie in hohem Ansehen und glauben, dass Sie gute Verbindungen in den höheren Rängen der Blocksphäre haben. Kurzum, Ihr Blog nimmt einen Schritt weiter, um die Kategorie erfolgreicher Blogs zu erreichen.

Nehmen Sie die wichtigen Links vom Gast Poster. Der Gastgeber zitiert oft die Gast-Post auf seinem persönlichen Blog geschrieben, damit einen Beitrag zu geben Sie einen Link (und einen gewissen Zugang). So können Sie leicht zu erreichen, um ein größeres Publikum mit dieser Information klug und setzen Sie zu ihrer Verwendung.

Abschluss

Vielen Dank für die es bis zum Ende des Blogging für Geld, Let's hoffe, es war informativ und in der Lage, Sie mit allen Werkzeugen, die Sie brauchen, um Ihre Ziele zu erreichen, was auch .immer es sein kann

Bedenken Sie, dass jeder Blog ist anders, und jeder Blogger kann Erfolg mit einer anderen Geld-Methode zu finden. Das Thema Ihres Blogs, die Menge des Verkehrs Ihr Blog empfängt, und Ihre persönlichen Ziele sind die größten Faktoren zu berücksichtigen, wenn die .Entscheidung, welche Methode, Geld zu verdienen sind am besten für Ihr Blog

Bevor Sie sich entschließen, zu werben, ein Affiliate zu werden oder Ihr eigenes Produkt zu verkaufen, müssen Sie sich die Zeit nehmen, um Ihren Blog zu entwickeln und es erfolgreich zu machen. Ihr Schwerpunkt sollte immer die Schaffung und interessante, unterhaltsame oder .informative Blog, das Leser anziehen wird

Nicht aus den Augen verlieren den Grund, Menschen Blogs lesen, ist es nicht zu vermarkten oder anzeigen zu sehen, ist es, weil Sie wie die Inhalte im Blog. Wenn Sie sich auf Möglichkeiten, Geld zu verdienen, bevor Sie ein beliebtes Blog entwickeln, wird Ihr Geld- .Making Anstrengungen wahrscheinlich scheitern

Dies ist nicht zu sagen, dass Sie nicht überlegen, Möglichkeiten, Geld zu verdienen, aber Sie sollten immer mit dem geben Leser große Inhalte, die Sie wollen zurückkommen. Je mehr Leser .Sie haben, desto besser Ihre Geld-Methoden werden funktionieren

.Dies ist das wahre Geheimnis erfolgreicher Blogs: Engagement

Hier ein Schema von allem, worüber wir gesprochen haben!

Kinderleicht Plan einzurichten und Geld verdienen von Ihrem Blog

Auswählen eines Themas

- Machen Sie eine Liste aller Dinge, die Sie leidenschaftlich über

- Suchen Sie nach Schlüsselwörtern, um herauszufinden, welche Themen die meiste Traffic haben

- Wählen Sie Themen, die Sie am meisten Leidenschaft haben

- Treffen Sie eine endgültige Entscheidung, und starten Sie Arbeit

- Erstellen Sie eine Liste für ihr endgültiges Thema

Bauen Sie Ihres Wissens auf

- Finden Sie die Fragen und dann studieren Sie Yahoo Answers

- Lesen Sie auch Artikel, Verwandte Antworten und nehmen Sie Notizen

- Einrichten von Google Alerts, um das automatische Update zu erhalten

- Wenn Sie neue Schlüsselwörter finden, fügen Sie Sie der Liste

Erstellen Sie Ihren Blog

- Wählen Sie den Domain-Namen, der einen Ihrer Schlüsselwörter enthält

- Erstellen Sie Ihren Blog auf WordPress

- Wählen Sie ein Thema zu Ihrem Blog

- Fügen Sie WordPress Widgets

Blog Geld verdienen

- Erstellen Sie einen kostenlosen Bericht zu verschenken

- Melden Sie sich bei Amazon und eBay und andere verwandte Websites

- Finden Sie verwandte Videos und Hochladen Sie Sie auf Ihrem Blog

- Schreiben Sie 10 Blog-Posts jede Woche

- Bewerben Sie sich für Google AdSense

Traffic Generation

- Senden Sie Ihre Blog-RSS-Feed über ein paar Wochen

- Kommentieren Sie am mindestens auf 10 Blog-Posts jede Woche

- Lesezeichen Sie jedes Ihrer 10 Blog-Posts und auch alle Post, die Sie erstellen

- Schreiben Sie fünf Artikel in einer Woche

- Verfolgen Sie Ihren Traffic durch Tan Tan und verwandte Widgets

- Planen Sie Ihre nächsten Blogs mit Google Alerts und auch mit Ihrer e-Mail

Vielen Dank und viel Glück mit Ihrem Blog!

www.ingramcontent.com/pod-product-compliance
Lightning Source LLC
La Vergne TN
LVHW052315060326
832902LV00021B/3898